UTB 3516

Eine Arbeitsgemeinschaft der Verlage

Böhlau Verlag · Köln · Weimar · Wien
Verlag Barbara Budrich · Opladen · Farmington Hills
facultas.wuv · Wien
Wilhelm Fink · München
A. Francke Verlag · Tübingen und Basel
Haupt Verlag · Bern · Stuttgart · Wien
Julius Klinkhardt Verlagsbuchhandlung · Bad Heilbrunn
Lucius & Lucius Verlagsgesellschaft · Stuttgart
Mohr Siebeck · Tübingen
Nomos Verlagsgesellschaft · Baden-Baden
Orell Füssli Verlag · Zürich
Ernst Reinhardt Verlag · München · Basel
Ferdinand Schöningh · Paderborn · München · Wien · Zürich
Eugen Ulmer Verlag · Stuttgart
UVK Verlagsgesellschaft · Konstanz
Vandenhoeck & Ruprecht · Göttingen · Oakville
vdf Hochschulverlag AG an der ETH Zürich

Rolf Jox

Fälle zum Familien- und Jugendrecht

Zehn Klausuren und ihre Lösungen
Ein Studienbuch für Bachelorstudierende
der Sozialen Arbeit

2., vollständig überarbeitete und aktualisierte Auflage

Verlag Barbara Budrich
Opladen & Farmington Hills, MI 2011

Bibliografische Information der Deutschen Nationalbibliothek
Die Deutsche Nationalbibliothek verzeichnet diese Publikation in der Deutschen
Nationalbibliografie; detaillierte bibliografische Daten sind im Internet über
http://dnb.d-nb.de abrufbar.

Gedruckt auf säurefreiem und alterungsbeständigem Papier.

© 2011 Verlag Barbara Budrich, Opladen & Farmington Hills, MI
Verlags-ISBN 978-3-86649-802-0
www.budrich-verlag.de

ISBN   978-3-8252-3516-1

Satz: Redaktion + Satz Beate Glaubitz, Leverkusen
Umschlaggestaltung: Atelier Reichert, Stuttgart
Druck: Friedrich Pustet KG, Regensburg
Printed in Germany

Vorwort

Nach Erscheinen der ersten Auflage dieses Werkes im Sommer 2008 sind zahlreiche gesetzliche Veränderungen in den hier relevanten Rechtsbereichen zu ver-
zeichnen, die sich nicht unerheblich auf die Klausurfälle ausgewirkt haben. Beispielhaft ist zunächst das „Gesetz zur Erleichterung familiengerichtlicher Maßnahmen bei Gefährdung des Kindeswohls" vom 4.7.2008 (BGBl. I, 2008, S.
1188 ff.) zu nennen, durch das u.a. § 1666 BGB neu gefasst wurde. Die umfang-
reichsten Veränderungen wurden durch das „Gesetz zur Reform des Verfahrens
in Familiensachen und in den Angelegenheiten der freiwilligen Gerichtsbarkeit
(FGG-Reformgesetz – FGG-RG) vom 17.12.2008 (BGBl. I, 2008, S. 2586 ff.)
ausgelöst, welche durch die Einführung des Gesetzes über das Verfahren in Familiensachen und in den Angelegenheiten der freiwilligen Gerichtsbarkeit (FamFG)
zu vielen Neuregelungen im Verfahrensrecht führte. Diese Neuerungen und die
Tatsache, dass die erste Auflage nahezu vergriffen war, erforderten die Neubearbeitung des Werkes.

In der nun vorgelegten 2. Auflage sind die 10 Klausurfälle inhaltlich unver-
ändert geblieben. Die relevanten Änderungen sind eingearbeitet und berücksichtigt.

Danken möchte ich der UTB-GmbH für die Aufnahme des Buches in die
UTB-Taschenbuchreihe.

Danken möchte ich zudem meiner studentischen Mitarbeiterin Frau Clara Ja-
cobs für ihre wertvolle Mitarbeit.

Ich wünsche den Lesern des Buches weiterhin viel Spaß und Erfolg bei der
Übung der Fälle. Für Hinweise und Anregungen bin ich stets dankbar.

Köln, im Januar 2011, Prof. Dr. *Rolf L. Jox*

Inhaltsverzeichnis

Abkürzungsverzeichnis

AG-KJHG	Ausführungsgesetz zum Kinder- und Jugendhilfegesetz
Alt.	Alternative
Art.	Artikel
AT	Allgemeiner Teil
BGB	Bürgerliches Gesetzbuch
BGH	Bundesgerichtshof
BT-Drs.	Bundestagsdrucksache
BVerwG	Bundesverwaltungsgericht
FamFG	Gesetz über das Verfahren in Familiensachen und in den Angelegenheiten der freiwilligen Gerichtsbarkeit
FamRZ	Zeitschrift für das gesamte Familienrecht
HG NW	Hochschulgesetz Nordrhein-Westfalen
HRG	Hochschulrahmengesetz
HRK	Hochschulrektorenkonferenz
i.V.m.	in Verbindung mit
KG	Kammergericht
m.w.N.	mit weiteren Nachweisen
mdj.	minderjährig (e, es)
NJW	Neue juristische Wochenschrift
OLG	Oberlandesgericht
Rn.	Randnummer
RpflG	Rechtspflegergesetz
SGB	Sozialgesetzbuch
StPO	Strafprozessordnung
ZfJ	Zentralblatt für Jugendrecht
ZPO	Zivilprozessordnung

1. Einführung

Studierende der Bachelorstudiengänge Soziale Arbeit – wie auch Studierende anderer Studiengänge – benötigen für die Prüfungsvorbereitung geeignete Hilfsmittel, d.h. u.a. geeignete Ausbildungsliteratur, die ihnen das Lernen für anstehende Prüfungen erleichtert. In der hier relevanten Ausbildungsliteratur im juristischen Bereich lassen sich vielleicht im Wesentlichen grob[1] zwei Arten von „Buchtypen" unterscheiden: Lehrbücher und Fallbücher (case books). Lehrbücher sind nach zu vermittelnden Inhalten aufgebaut (z.b. im Familienrecht folgend den gesetzlichen Regelungen: Die elterliche Sorge, das Umgangsrecht; Ehe, Trennung und Scheidung, die Vormundschaft usw.). Diese Themenbereiche werden systematisch vermittelt; nur teilweise erfolgt dies mittels konkreter Fälle, die insgesamt betrachtet aber eher eine untergeordnete Rolle einnehmen. Werden Inhalte und insbesondere strittige Themen umfassend unter Berücksichtigung des jeweiligen Meinungsstands in Literatur und Rechtsprechung dargestellt,[2] erhält der Leser[3] insgesamt einen umfassenden Einblick in die Inhalte des jeweiligen Rechtsgebietes.

Lehrbücher vermitteln dagegen im Regelfall nicht, wie das theoretisch Erlernte (d.h. z.B. die Einzelheiten zur elterlichen Sorge, zum Umgangsrecht usw.) auf eine (dem Leser/Bearbeiter) unbekannte Aufgabenstellung im Rahmen einer Prüfungs- oder Praxissituation anzuwenden ist. Hier versuchen die Fallbücher Hilfestellung zu leisten. Diese sind im Gegensatz zu den Lehrbüchern „Fall bezogen" aufgebaut: An Hand von häufig der Praxis entnommenen Fällen wird die Anwendung der theoretischen Inhalte auf die jeweilige Fallgestaltung aufgezeigt. Die Lösungen sind „schulmäßig" aufgebaut und auf diese Weise erlernen Studie-

---

1   Es handelt sich nur um eine Grobeinteilung; daneben gibt es auch Studienbücher, die sich nicht eindeutig in die hier gewählten Kategorien einteilen lassen.

2   Lassen sich Einzelfragen aus dem in Lehrbüchern Erlesenen nicht abschließend klären, steht die – häufig zahlreiche – Kommentarliteratur zu den einzelnen Vorschriften ergänzend zur Verfügung.

3   Hinweis: personale Bezeichnungen (Leser, Bearbeiter, Sozialarbeiter u.ä.) sind unabhängig von der männlichen oder weiblichen Ausdrucksform stets geschlechtsneutral gemeint.

rende auch, wie man am besten methodisch die Lösung einer praktischen Frage-stellung bewältigt.

Mit dem vorliegenden Buch wird ein Beitrag zur Kategorie der Fallbücher geboten. Die Fälle „spielen" im Familien[4]- und Jugendrecht[5]. Dies sind Kernbe-reiche der Sozialen Arbeit im Bereich der Arbeit mit Kindern, Jugendlichen und Familien. Beide Gebiete werden im Studium der Sozialen Arbeit oft zusammen als ein Lehrbereich betrachtet. Konzipiert sind die Fälle für die Situation am An-fang des Studiums, wo beide Rechtsgebiete ohne Vorkenntnisse „von Grund auf" studiert werden.

Studierende, die sich mit diesem Buch erfolgreich auf anstehende Prüfungen vorbereiten wollen, wird unbedingt empfohlen, vorher die relevanten Inhalte der beiden Rechtsgebiete mittels Besuch entsprechender Lehrveranstaltungen und/ oder Lehrbüchern[6] zu studieren. Die Lösung der Klausurfälle setzt dieses Studi-um voraus; wesentliche Inhalte beider Rechtsbereiche werden nicht eigens The-men bezogen vermittelt.

---

4   Gemeint ist materiellrechtlich das 4. Buch des BGB (§§ 1297 – 1921 BGB) nebst Verfahrens-recht: das FamFG und relevante Teile der ZPO; ergänzender Hinweis: die Texte der Bundesge-setze findet man im Internet unter: http://bundesrecht.juris.de/aktuell.html.

5   Der Begriff „Jugendrecht" ist gesetzlich nicht definiert. Gemeint ist hier vor allem das Kinder-und Jugendhilferecht des SGB VIII nebst relevanten Vorschriften des Verfahrensrechts, SGB I, SGB X; aber auch Inhalte des bürgerlichen Rechts wie z.B. Geschäftsfähigkeit, §§ 104 ff. BGB, oder Normen des Haftungsrechts, §§ 823 ff., 828, 832 BGB, bei denen die Minderjährigkeit der Handelnden besonders berücksichtigt wird.

6   Vgl. zu möglichen Lehrbüchern im Familienrecht den Überblick bei Palandt/Brudermüller, BGB, Schrifttum vor Einl. v. § 1297 unter b); zu möglichen Lehrbüchern im Jugendrecht vgl. den Überblick bei Kunkel in: LPK-SGB VIII, S. 1089 ff.

2. Entwicklung von Klausuren mit Fällen im Familien- und Jugendrecht im Bachelorstudium der Sozialen Arbeit

Die Konzeption von Klausuren ist abhängig von den jeweiligen Rahmenbedingungen der Studiengänge, für die sie entwickelt werden: Die Frage des Umfangs der Klausuren, des Prüfungsstoffes hängt nicht zuletzt davon ab, wie viele Semesterwochenstunden für die entsprechende Lehre zur Verfügung stehen und welche Klausurdauer für die Prüfung vorgesehen ist. Für Diplomstudiengänge konzipierte Klausuren können im Regelfall nicht ohne weiteres in Prüfungen in Bachelorstudiengängen verwendet werden, denn die Entwicklung hin zu Bachelorstudiengängen in Abkehr von den Diplomstudiengängen hat erhebliche strukturelle Veränderungen hinsichtlich dieser Rahmenbedingungen zur Folge.

2.1 Veränderte Rahmenbedingungen im Bachelorstudium

Untersucht man die Rahmenbedingungen des Bachelorstudiums der Sozialen Arbeit, so stellt man schnell fest, dass es keine *einheitlichen* Regelungen in Bezug auf die hier maßgeblichen Rahmenbedingungen gibt. Die gesetzlichen Regelungen sehen nur Mindesterfordernisse[7] vor und im laufenden Entwicklungs- (und Weiterentwicklungs-)Prozess wird betont, dass die inhaltliche Profilierung der Studienangebote in die Verantwortung der jeweiligen Hochschule gestellt wird.[8] Dies hat zur Konsequenz, dass keine einheitlichen Bachelorstudiengänge Soziale Arbeit entwickelt wurden und werden, sondern das Ergebnis könnte als „bunter Strauß von Studiengängen" bezeichnet werden.

Eine umfassende Darstellung der Berücksichtigung von Familien- und Jugendrecht in den Bachelorstudiengängen Soziale Arbeit in Deutschland bezüglich der Inhalte, Lehrstunden und Prüfungsformen würde den Rahmen dieses Studienbuches sprengen und sich im Ergebnis auch nicht auf die Konzeption der Klausu-

---

7 Vgl. z.B. auf Bundesebene: § 19 HRG – Bachelor- und Masterstudiengänge (1) Die Hochschulen können Studiengänge einrichten, die zu einem Bachelor- oder Bakkalaureusgrad und zu einem Master- oder Magistergrad führen. ...

8 Vgl. z.B. Hochschulrektorenkonferenz, Entschließung des 200. Plenums der HRK vom 8.7.2003, in: Hochschulrektorenkonferenz, Bologna Reader, S. 76.

ren auswirken. Denn aufgrund der mitunter erheblichen Unterschiedlichkeiten ist es ohnehin nicht möglich, für alle Studiengänge gleichermaßen *unmittelbar* verwendbare Klausuren zu entwickeln.

Bei der Entwicklung der Klausuren habe ich mich von folgenden Beobachtungen[9] leiten lassen, die ich beim „Gang" durch die einzelnen Bachelorstudiengänge Soziale Arbeit an deutschen Hochschulen gemacht habe: Das Bachelorstudium ist häufig auf ein sechssemestriges[10] Studium (früheres Diplomstudium: häufig acht Semester) konzipiert, welches auch für das Studium an „meiner" Hochschule zutrifft. Tendenziell führt dies zu einer Verringerung der Lehrstunden (Semesterwochenstunden) für einzelne Lehrgebiete (und damit auch für das Familien- und Jugendrecht). Dies wirkt sich konkret auf die zu lehrenden Inhalte aus: Stehen weniger Lehrstunden zur Verfügung, muss sich die Lehre zwangsläufig auf Kerninhalte beschränken, welches konsequenterweise entsprechend für Prüfungsinhalte gilt. Veränderungen beobachtete ich auch in Bezug auf die Prüfungsdauer bei Klausuren (keine einheitlichen Klausurzeiten, variierend von 45 Minuten bis 240 Minuten). Häufig sind jedoch Klausuren mit eher kürzeren Zeiten vorgesehen – wohl folgend der Reduzierung der Lehrstunden und damit verbunden der Lehrinhalte. Eine kürzere Klausurdauer wirkt sich ebenfalls zwangsläufig auf die Konzeption der jeweiligen Prüfungsaufgaben aus: Reduzierung von Fragestellungen, Beschränkungen der Fragestellungen auf einzelne Aspekte des Falles u.ä.

2.2 Struktur der hier vorgelegten Klausuren

Angesichts der Tatsache, dass es nicht möglich ist, für alle Bachelorstudiengänge Soziale Arbeit gleichermaßen *unmittelbar* verwendbare Klausuren zu entwickeln, habe ich mich entschlossen, alle Klausuren für eine Bearbeitungszeit von 75 Minuten zu entwerfen, die an „meiner" Hochschule für die Bearbeitungszeit einer

---

9   Die Beobachtungen beruhen auf einer internetgestützten Untersuchung zahlreicher Studien- und Prüfungsordnungen und Regelungen in Modulhandbüchern. Von einer Darstellung dieser Regelungen wird aus zwei Gründen bewusst abgesehen: zum einen würde dies ebenfalls den Rahmen dieses Studienbuches sprengen und zum anderen sind die Regelungen ständigen Weiterentwicklungen mit der Folge unterworfen, dass ein Abdruck lediglich begrenzten Wert hätte (Während der Erstellung dieses Buches waren bereits einige Internetdokumente nicht mehr im Netz verfügbar.)

10 Nicht verkannt wird, dass die Hochschulgesetze (vgl. z.B. § 19 Abs. 2 HRG, § 60 Abs. 2 HG NW) bei einem Bachelorstudium einen Semesterumfang von 6 – 8 Semestern ermöglichen.

Klausur im Familien- und Jugendrecht vorgesehen ist.[11] Tendenziell gehe ich davon aus, dass im Zuge der Verringerung der Lern- und Lehrstunden im Bachelorstudium eine Bearbeitungszeit in diesem Umfang mehr und mehr üblich werden wird. Brauchbar für die Klausurvorbereitung sind die Klausuren aber auch für diejenigen Studierenden, die in ihrer Hochschule etwas weniger Zeit (z.B. 60 Minuten) oder deutlich mehr Zeit (z.B. 120 Minuten) zur Verfügung haben. Denn im ersteren Fall können sie davon ausgehen, dass die eigene Klausur vielleicht ein oder zwei Aspekte (Fragestellungen) weniger enthält. Im letzteren Fall werden sie in ihrem „Ernstfall" das etwa Eineinhalbfache der hier aufgeführten Klausuren zu lösen haben.

Im Hinblick auf die sich aus den erörterten tendenziell verringerten Lehrstunden ergebenden Konsequenzen beschränken sich die in den hier vorgelegten Klausuren aufgeworfenen Fragen auf Kerninhalte des Familien- und Jugendrechts. Sämtliche Fälle sind darauf angelegt, dass die Bearbeiter durch ihre Klausurbearbeitung nachweisen können, dass sie juristische Fragestellungen, die sich aus einem oder mehreren Sachverhalt(en) ergeben, in einer ausreichend, aber nicht üppig bemessenen Zeit einer vertretbaren Lösung zuführen können. Diese Prüfungsform bereitet auf diese Weise auf die später in der beruflichen Praxis zuhauf auftretende vergleichbare Situation vor, wobei die zur Verfügung stehende Zeit dort häufig viel knapper ausfällt.

Alle Fälle sind so konzipiert, dass sie „jederzeit" gelöst werden können; d.h. maßgebender Zeitpunkt für die Falllösung ist der konkrete Bearbeitungszeitpunkt des Bearbeiters. Da Klausurbearbeiter – im Gegensatz zur Situation in der Praxis – nicht in der Lage sind, während der Fallbearbeitung noch (vermeintlich) zu klärende Fragen aufzuklären, enthalten die Klausuren einen Bearbeiterhinweis, nach dem davon auszugehen ist, dass alle Angaben im Sachverhalt zutreffen und etwaige weitere Ermittlungen keine neuen Erkenntnisse ergeben. Auch sollen die Antworten an Hand der einschlägigen Vorschriften begründet werden. Manchmal wird auch im Fall zur Verdeutlichung noch eigens darauf hingewiesen, dass eine betreffende Tatsache „zutreffend" ist.

Im Bereich der ausformulierten Lösungen sind in den Fußnoten Quellenangaben enthalten. Sie sollen den Bearbeitern ermöglichen, Problemstellungen zu vertiefen. Bezug genommen wird im Wesentlichen auf Kommentare und Lehrbücher, die im Regelfall weitere Hinweise auf ergänzende Literatur enthalten. Ent-

---

11 In Betracht gezogen habe ich auch, Klausuren mit unterschiedlichen Bearbeitungszeiten zu entwickeln (ein Beispiel dafür ist das Fallbuch von Gastiger/Oberloskamp/Winkler, Recht konkret, Teilband I.). Aufgrund der beobachteten Vielzahl von unterschiedlichen Bearbeitungszeiten und der Wahrscheinlichkeit, dass man ohnehin nicht alle unterschiedlichen Bearbeitungszeiten erfasst hätte, habe ich jedoch davon abgesehen.

scheidungen der Gerichte sind mit Aktenzeichen angegeben, so dass diese in vielen Fällen im Internet von den Servern der Gerichte[12] heruntergeladen werden können.

---

12 Z.B.: Entscheidungen des Bundesverfassungsgerichts: www.bundesverfassungsgericht.de; des Bundesgerichtshofs: www.bundesgerichtshof.de; des Bundesverwaltungsgerichts: www.bundesverwaltungsgericht.de.

3. Hinweise zur Lösung der Klausurfälle

3.1 Subsumtionstechnik

Fragt man nun nach einem Erfolgsrezept für das erfolgreiche Verfassen von Lösungen der Klausurfälle, ist vor allem zu empfehlen, die von Juristen verwendete Subsumtionstechnik zu erlernen und in der praktischen Umsetzung anzuwenden. Ob jemand nach dieser praktischen Methode und Denkart seine Ausführungen verfasst hat, erkennt man sehr schnell und oft ist – hat z.b. in der (späteren) Praxis der Berichtende diese Technik angewendet – dies der erste Schlüssel zum Erfolg; man ist als jemand identifiziert, der etwas von seinem Fach versteht, der „offensichtlich fachkundig" ist.

Was versteht man nun unter der Subsumtionstechnik? Es ist eine Methode des Denkens und der Bearbeitung in 4 Schritten, die es im Regelfall ermöglicht, sich auf die wesentlichen, für die Fallbearbeitung zwingend erforderlichen Punkte zu konzentrieren und die gestellte Aufgabe einer sachgerechten Lösung zuzuführen. Wendet man dieses Schema konsequent an, so ist man im Normalfall davor geschützt, dass neben der Lösung liegende Aspekte oder sogar falsche Aspekte erörtert werden. Das Subsumtionsschema eröffnet die Chance, dass man stringent, ohne überflüssige Schnörkel zu einer fachgerechten Lösung gelangt.

3.1.1 Grundaufbau der Subsumtionstechnik

Zunächst sollen der Grundaufbau und in einem zweiten Schritt Abweichungen von diesem Grundschema erörtert werden.

Die Subsumtionstechnik umfasst 4 Stufen, daher nenne ich es auch „1 2 3 4 Schema":

1) Suche nach einer Norm (Rechtsgrundlage, Anspruchsgrundlage), die geeignet ist, die (in einer Klausur oder später in der Praxis) gestellte (Fall-)Frage zu beantworten.
2) Herausarbeiten der Voraussetzungen dieser Norm.
3) Prüfen der Voraussetzungen (in Bezug auf den gestellten Sachverhalt) (= Subsumtion).
4) Ergebnis (= Beantwortung der o.a. (Fall-)Frage).

Die vier Schritte bedeuten im Einzelnen:

1) Suche nach einer Norm (Rechtsgrundlage, Anspruchsgrundlage), die geeignet ist, die (in einer Klausur oder später in der Praxis) gestellte (Fall-)Frage zu beantworten.

Üblicherweise wird in der Praxis an den zuständigen Mitarbeiter eine konkrete Frage gestellt (z.b.: Hat Frau X einen Unterhaltsanspruch gegen ihren Ex-Mann oder muss das Kind aus der Familie herausgenommen werden? usw.). Genau dieselbe Situation soll in der Prüfungsform Klausur geprüft werden. Auch hier wird dem Bearbeiter eine konkrete Frage gestellt und die Hauptaufgabe besteht nun darin, diese Frage – und nur diese Frage[13] – zu beantworten.

Diese Frage kann auf dem direkten Weg und ohne Umwege und Verzettelungen nur beantwortet werden, wenn die Norm(en) aufgefunden werden, die geeignet sind, die (Fall-)Frage zu beantworten. Dabei ist konkret nach der *Rechtsfolge* in der Norm gefragt.

Wichtig ist in diesem Zusammenhang, dass erkannt wird, dass Normen häufig Voraussetzungen und Rechtsfolgen enthalten.

Beispiel:
§ 1602 Abs. 1 BGB lautet: „Unterhaltsberechtigt ist nur, wer außerstande ist, sich selbst zu unterhalten."
Voraussetzung ist, dass jemand außerstande ist, sich selbst zu unterhalten; Rechtsfolge ist, dass derjenige unterhaltsberechtigt ist.

Häufig kommt eine konkrete Norm aus einem Spezialgesetz[14] in Betracht; der Bearbeiter muss sich von Anfang an darüber vergewissern, ob die Norm auch tatsächlich geeignet ist, die (Fall-)Frage zu beantworten:

Beispiel:
Lautet etwa die Frage, ob im Falle der Trennung eines Ehepaares die Mutter des Kindes allein entscheiden kann, ob es in eine Katholische Kindertagesstätte gehen soll, wäre es fehlerhaft – und gerade nicht auf dem direkten Wege lösungsrelevant – mit der Prüfung des § 1626 Abs. 1 BGB, also der Frage zu beginnen, wem das Sorgerecht über das Kind zusteht. Die Norm, die geeignet ist, die Fallfrage zu beantworten; ist vielmehr § 1687 Abs. 1 Sätze 2, 3 BGB.

---

13 Dieser Hinweis mag als banal erscheinen, aber aus langjähriger Korrekturerfahrung kann ich berichten, dass es (leider) nicht selten vorkommt, dass Studierende nicht die ihnen gestellten Fragen beantworten, sondern – vielleicht auch interessante – Fragestellungen, die aber gerade nicht Gegenstand der Aufgabenstellung sind.

14 Wer die Lösung einer Fallfrage mit Normen des Grundgesetzes (z.B. Art. 1 – Schutz der Menschenwürde) beginnt, sollte sich im Regelfall fragen, ob nicht speziellere Normen in Frage kommen.

Hält man sich an diese Weisung (also die Norm zu suchen, welche geeignet ist, die (Fall-)Frage zu beantworten), so ist man normalerweise davor geschützt, eine „fehlerhafte Norm" zu prüfen. Ist der Bearbeiter sich nicht sicher, sollte er während der Prüfung einfach die unter 1. zu stellende Frage erneut stellen und spätestens unter 4. (beim Ergebnis) stellt sich heraus, ob die Norm richtig ausgesucht worden ist. Nur wenn das Ergebnis eine Antwort auf die (Fall-)Frage darstellt, ist die eingangs gewählte Norm auch zutreffend ausgewählt.

2) Herausarbeiten der Voraussetzungen

Der nächste Schritt kann ebenfalls als entscheidender Schritt auf dem Weg zu einer erfolgreichen Fallbearbeitung bezeichnet werden. Hat man die richtige Norm (s.o. unter 1) ausgewählt, besteht nun die Aufgabe darin, die Voraussetzungen der Norm sorgfältig herauszuarbeiten. Wer es hier schafft, exakt an der Norm zu arbeiten, erlangt einen weiteren Schlüssel zum Erfolg; denn wer die (geschriebenen wie ungeschriebenen) Voraussetzungen der Norm exakt herausarbeitet, befindet sich (weiterhin) auf dem optimalen Lösungsweg und ist davor bewahrt, Überflüssiges, neben der Sache Liegendes zu erörtern.

Als unproblematisch können die Voraussetzungen bezeichnet werden, die im Gesetzestext ausdrücklich benannt werden; diese können ohne weiteres abgeschrieben, d.h. in dieser Weise übernommen werden.

Beispiel:
§ 1601 lautet: „Verwandte in gerader Linie sind verpflichtet, einander Unterhalt zu gewähren."
Voraussetzung ist hier die Verwandtschaft in gerader Linie.

Insbesondere unbestimmte Rechtsbegriffe sind oft aus sich heraus nicht verständlich. Dies erfordert – und dies gehört auch zum „Herausarbeiten der Voraussetzungen" – dass diese Voraussetzungen näher definiert, erläutert werden müssen (um später unter 3. die Prüfung der Voraussetzungen auf den Sachverhalt vornehmen zu können.).

Beispiel:
§ 1666 Abs. 1 BGB lautet: „Wird das körperliche, geistige oder seelische Wohl des Kindes oder sein Vermögen gefährdet und sind die Eltern nicht gewillt oder nicht in der Lage, die Gefahr abzuwenden, so hat das Familiengericht die Maßnahmen zu treffen, die zur Abwendung der Gefahr erforderlich sind."
Hier ist erste Voraussetzung „eine Gefährdung des körperlichen geistigen oder seelischen Wohls des Kindes". Der Begriff des „körperlichen, geistigen oder seelischen Wohls des Kindes" ist nicht aus sich heraus verständlich und muss im Hinblick auf mögliche, im Sachverhalt gegebene Hinweise weiter ausdifferenziert, d.h. definiert werden. Diese Erläuterungen/Definitionen sollten vorher studiert worden sein. Ist dem Bearbeiter die konkrete

Erläuterung/Definition unbekannt, muss er aus dem Wortlaut, der Kenntnis von Gesetzesentstehung und vor allem Sinn und Zweck der Norm die Erläuterung formulieren.

Schwierigkeiten machen mitunter auch die Voraussetzungen, die im Gesetzestext gar nicht oder nur indirekt erwähnt werden.

Beispiel:

§ 27 Abs. 1 SGB VIII lautet: „Ein Personensorgeberechtigter hat bei der Erziehung eines Kindes oder eines Jugendlichen Anspruch auf Hilfe (Hilfe zur Erziehung), wenn eine dem Wohl des Kindes oder des Jugendlichen entsprechende Erziehung nicht gewährleistet ist und die Hilfe für seine Entwicklung geeignet und notwendig ist."

In dieser Vorschrift ist von einem „Anspruch auf Hilfe" die Rede. Nicht erwähnt wird, dass nach einer – auch hier vertretenen – Meinung[15] in Rechtsprechung und Literatur die Gewährung von Hilfe zur Erziehung einen *Antrag* der Personensorgeberechtigen voraussetzt. Die Tatsache, dass dieses Erfordernis zwar nicht ausdrücklich in der Vorschrift enthalten, jedoch als Voraussetzung herauszuarbeiten ist, muss im Rahmen des Studierens der Inhalte der Vorschriften erlernt werden. An dieser Stelle zeigt sich sehr deutlich, dass man um das Studium der Inhalte der einzelnen Rechtsgebiete nicht herumkommt: vor der Falllösung ist eine Befassung mit den Inhalten der anwendbaren Vorschriften unerlässlich.

Ferner ist darauf hinzuweisen, dass sich die Reihenfolge der Voraussetzungen häufig direkt aus der Formulierung der Normen bzw. inhaltlichen Zusammenhängen ergibt, die ebenfalls studiert werden müssen. Hält man die anerkannte Reihenfolge der Voraussetzung ein, erhält man zwangsläufig eine Gliederung, die den Bearbeiter durch die gesamte Fallbearbeitung führt und ihn insbesondere davor bewahrt, vom korrekten und direkten Lösungsweg abzuweichen.

3) Prüfen der Voraussetzungen (in Bezug auf den gestellten Sachverhalt)

Hat man die Voraussetzungen (s. 2.) korrekt herausgearbeitet; betrifft die nächste Aufgabe nun das Überprüfen der Voraussetzungen auf den konkreten Sachverhalt.

Beispiel:

§ 1592 BGB lautet:

„Vater eines Kindes ist der Mann,

1. der zum Zeitpunkt der Geburt mit der Mutter des Kindes verheiratet ist,

2. der die Vaterschaft anerkannt hat oder

3. dessen Vaterschaft nach § 1600d oder § 182 Abs. 1 des Gesetzes über das Verfahren in Familiensachen und in den Angelegenheiten der freiwilligen Gerichtsbarkeit gerichtlich festgestellt ist."

---

15   Siehe unten Fußnote 32.

Prüfen der Voraussetzungen nun in Bezug auf den Sachverhalt bedeutet, dass der Bearbeiter nun konkret prüfen muss – wenn z.b. gefragt ist, ob Herr B der Vater von Kind A ist – ob Herr B nach § 1592 Nr. 1, 2 oder 3 BGB Vater des Kindes ist, also konkret z.b. ob er zum Zeitpunkt der Geburt mit der Mutter des Kindes verheiratet ist, § 1592 Nr. 1 BGB.

oder

anderes *Beispiel:*
§ 1685 Abs. 1 und 2 BGB lauten:
„(1) Großeltern und Geschwister haben ein Recht auf Umgang mit dem Kind, wenn dieser dem Wohl des Kindes dient.
(2) Gleiches gilt für enge Bezugspersonen des Kindes, wenn diese für das Kind tatsächliche Verantwortung tragen oder getragen haben (sozial-familiäre Beziehung). Eine Übernahme tatsächlicher Verantwortung ist in der Regel anzunehmen, wenn die Person mit dem Kind längere Zeit in häuslicher Gemeinschaft zusammengelebt hat."
Wenn nun in einem Sachverhalt ein Mann (d.h. der frühere Freund der Kindesmutter) 4 Monate mit (der Mutter und) dem Kind zusammengelebt hat (danach sich von beiden getrennt hat), muss der Bearbeiter in diesem Schritt klären, ob die Voraussetzung „enge Bezugsperson des Kindes" im Sachverhalt gegeben ist; konkret ob eine Übernahme tatsächlicher Verantwortung vielleicht anzunehmen ist, weil der Mann längere Zeit mit dem Kind in häuslicher Gemeinschaft zusammengelebt hat; noch konkreter, ob das Zusammenleben über 4 Monate als „Zusammenleben mit dem Kind in häuslicher Gemeinschaft über längere Zeit" anzusehen ist.

Auch hier ist der Bearbeiter davor geschützt, dass er überflüssige Prüfungen anstellt, denn die Voraussetzungen, die er nun bezogen auf den Sachverhalt überprüfen muss, ergeben sich ja *nur* aus den unter 2. Herausgearbeiteten.

4)   Ergebnis (= Beantwortung der o.a. (Fall-)Frage)

Sind alle Voraussetzungen auf den Sachverhalt überprüft worden, stellt der 4. Punkt eigentlich keine Schwierigkeit mehr dar. Liegen die Voraussetzungen alle vor, d.h. kann die Anwendbarkeit der Norm bejaht werden, ist die (Fall-)Frage (= Frage nach der Rechtsfolge der Norm) im Sinne der Norm zu beantworten. Liegen die Voraussetzungen (oder eine Voraussetzung), d.h. die zur positiven Anwendung der Norm nötigen Voraussetzungen nicht vor, ist die (Fall-)Frage negativ zu beantworten. Hier ist lediglich erforderlich, dass die gestellte Frage beantwortet wird.[16] Alle weiteren, vielleicht auch spannenden Hinweise und Ergänzungen in Bezug auf andere Sachverhalte sind zu unterlassen.

---

16   Leider enden viele Bearbeitungen „ohne Ergebnis", d.h. der 4. Prüfungsschritt fehlt und das Ergebnis bleibt offen.

3.1.2 Subsumtionsschema in Sonderfällen

Das soeben dargestellte System stellt das Grundschema dar. Davon ist jedoch in einigen Fällen aus Gründen der Übersichtlichkeit/Verständlichkeit und Nachvollziehbarkeit der Falllösung abzuweichen.

a) Vorschrift mit vielen Voraussetzungen.

Sofern eine Vorschrift mit sehr vielen Voraussetzungen betroffen ist, macht es Sinn, nicht streng nach dem „1 2 3 4 Schema" vorzugehen, sondern zwischen Schritt 2 und 3 (ggf. mit Zwischenergebnissen 4) „hin und her zu springen":

Beispiel:

§ 823 Abs. 1 BGB lautet:

„Wer vorsätzlich oder fahrlässig das Leben, den Körper, die Gesundheit, die Freiheit, das Eigentum oder ein sonstiges Recht eines anderen widerrechtlich verletzt, ist dem anderen zum Ersatz des daraus entstehenden Schadens verpflichtet."

Voraussetzungen für den Schadensersatzanspruch sind demnach:

– Verletzung eines absoluten Rechts (Leben, Körper, Gesundheit, Freiheit, Eigentum oder ein sonstiges Recht)
– rechtswidrig
– schuldhaft
– Schaden

In einem solchen Falle erweist es sich im Regelfall als unglücklich, wenn Bearbeiter das Subsumtionsschema wie oben besprochen umsetzen, d.h. *alle* Voraussetzungen (= Schritt 2) zunächst benennen und dann *alle* Voraussetzungen prüfen (= Schritt 3). Sinnvoller – weil viel übersichtlicher und besser lesbar – erscheint vielmehr, zwischen Punkt 2 und 3 „hin- und her zu springen": Man sollte also zunächst z.B. die Verletzung des Eigentums erwähnen (Schritt 2), sie in Bezug auf den Sachverhalt überprüfen (Schritt 3), dann das Merkmal der Rechtswidrigkeit erwähnen (Schritt 2) und es im konkreten Sachverhalt zu prüfen (= Schritt 3) usw. Bei umfangreicheren Prüfungen kann darüber hinaus die Zusammenfassung von Ergebnissen in einem Zwischenergebnis ratsam sein (Schritt 4, danach zurück zur nächsten Voraussetzung, Schritt 2).

b) Vorschrift mit „Verweis auf andere Vorschrift"

Häufig kommt es auch vor, dass eine Voraussetzung in einer Vorschrift direkt oder indirekt auf eine andere Vorschrift verweist. In diesem Fall ist es nötig, im Rahmen dieser Norm schulmäßig im Sinne des „1 2 3 4 Schemas" alle Schritte der anderen Vorschrift zu prüfen und dann wieder in das Prüfungsschema der 1. Regelung einzumünden.

Beispiel: § 1791c Abs. 1 Satz 1 BGB lautet:

„Mit der Geburt eines Kindes, dessen Eltern nicht miteinander verheiratet sind und das eines Vormunds bedarf, wird das Jugendamt Vormund, wenn das Kind seinen gewöhnlichen Aufenthalt im Geltungsbereich dieses Gesetzes hat; dies gilt nicht, wenn bereits vor der Geburt des Kindes ein Vormund bestellt ist.“

Diese Vorschrift enthält folgende Voraussetzungen:

- Geburt eines Kindes
- dessen Eltern nicht miteinander verheiratet sind
- das eines Vormundes bedarf
- das Kind hat seinen gewöhnlichen Aufenthalt im Geltungsbereich dieses Gesetzes
- vor der Geburt wurde ein Vormund bestellt.

Rechtsfolge: Das Jugendamt wird Vormund über das Kind.

Im Rahmen der 3. Voraussetzung ist zu prüfen, ob das Kind eines Vormundes bedarf. Beim Prüfen dieser Voraussetzung ist § 1773 Abs. 1 BGB mit den dortigen Voraussetzung im Sinne des „1 2 3 4 Schemas“ vollständig zu prüfen und erst nach positivem Abschluss der Prüfung kann die Untersuchung der übrigen Voraussetzungen der Vorschrift des § 1791c BGB fortgesetzt werden.

c) Alle Voraussetzungen herausarbeiten/prüfen, wenn eine Voraussetzung nicht gegeben ist?

Schließlich stellt sich die Frage, ob alle Voraussetzungen zu prüfen sind, wenn eine Voraussetzung offensichtlich[17] nicht gegeben ist. Darüber gibt es keine „gesetzliche Regelung“; entscheidend dürfte hier die Entscheidung eines verständigen Bearbeiters sein, ob er direkt auf die nicht gegebene Voraussetzung „springt“ oder die Norm „schulmäßig“ durchprüft.

Vielleicht lässt sich dies wie folgt erläutern:

Ist „offensichtlich“ (unzweifelhaft, keiner würde eine andere Meinung dazu vertreten) eine Voraussetzung nicht gegeben (was in der Juristerei sehr selten ist) (Beispiel: im Fall des § 1791c BGB hat das Kind seinen gewöhnlichen Aufenthalt nicht in Deutschland), sollte der Bearbeiter direkt auf diese Voraussetzung eingehen[18] und kann nach Prüfung und Ablehnung dieser Voraussetzung unmittelbar zum Ergebnis der Gesamtprüfung gelangen.

---

17 Vorsicht mit „offensichtlich nicht gegeben“: manchmal ist eine Voraussetzung doch und damit gerade *nicht* „offensichtlich nicht gegeben“.

18 In diesem Fall sind die übrigen Voraussetzungen nicht angesprochen worden und müssen auch nicht angesprochen werden, es sei denn, der Bearbeitervermerk am Ende des Klausurtextes fordert ausdrücklich die weitere Bearbeitung für diesen Fall in einem Hilfsgutachten.

Ist – was der häufigere Fall sein dürfte – eine Voraussetzung zweifelhaft, so sollte die Prüfung „schulmäßig" erfolgen; d.h. die Vorschrift sollte auf dem „üblichem Weg" mit dem geläufigen Aufbau geprüft werden. Dies führt dazu, dass alle Voraussetzungen, die vor der zweifelhaften Voraussetzung normalerweise zu untersuchen sind, geprüft werden müssen. Lehnt man dann die Vorschrift nach Prüfung der zweifelhaften Voraussetzung insgesamt ab, ändert dies nichts daran, dass die zuvor geprüften Voraussetzungen geprüft bleiben. Dieser Weg ist im Zweifel zu empfehlen, denn wenn die fragliche Voraussetzung – im Gegensatz zur Auffassung des Bearbeiters – *nicht* „offensichtlich nicht gegeben" ist, fehlt u.U. die Prüfung mehrerer Voraussetzungen, welches sich negativ auf die Bewertung der Klausur auswirken könnte.

Schließlich sei darauf hingewiesen, dass bei mehreren Vorschriften, die gleichermaßen zum Ziel führen, alle diese Vorschriften geprüft werden müssen.

Beispiel:
Kommt ein Schadensersatzanspruch aus einer vertraglichen Anspruchsgrundlage (z.B. § 280 Abs. 1 BGB) und aus § 823 Abs. 1 BGB in Betracht, müssen beide Vorschriften geprüft werden, selbst wenn die Prüfung der ersten Vorschrift bereits zu einem positiven Ergebnis (= Schadensersatz) führt.

Als Begründung mag dienen, dass – sofern es bei einer Vorschrift Streit über die Anwendbarkeit gibt – die andere Bestimmung ebenfalls zum Ziel führt und der Streit unentschieden bleiben kann.

3.1.3 Schwer verzeihliche Fehler

Abschließend möchte ich stichpunktartig aus meiner Korrekturerfahrung einige Fehler benennen, die insofern „schwer verzeihlich sind", als sie zu einer Abwertung der Bearbeitung führen können.

– Fehlerhafte Norm geprüft (also z.B. eine solche, die nicht geeignet ist, die (Fall-)Frage zu beantworten).
– Innerhalb der Normprüfung Voraussetzungen (Schritt 2) geprüft, die nicht zur Norm gehören.
– Einzelne Voraussetzungen vergessen.
– Beim Schritt 3 das Vorliegen von Voraussetzungen einfach bejaht und nicht wirklich geprüft.
– Bei Schritt 3 z.B. bei einem unbestimmten Rechtsbegriff nicht vertretbar argumentiert.
– Das Ergebnis (Schritt 4) nicht ausdrücklich benannt.
– Das Ergebnis passt nicht zur Frage und/oder Prüfung.
– Abwegige Prüfungen werden unternommen: z.B. fern liegende Vorschriften werden geprüft u.ä.
– Nicht gestellte Fragen werden geprüft und beantwortet.

- „Sachverhaltserweiterung", d.h. der Bearbeiter beruft sich zur Begründung auf (zusätzliche) Umstände/Tatsachen, die im Sachverhalt nicht berichtet sind (Gelöst wird im Grunde genommen ein anderer Fall).
- In der Lösung tauchen plötzlich „Unbekannte" auf (z.b. Markus, der im Klausurfall überhaupt nicht auftaucht). Hintergrund kann sein – und davon wird dringend abgeraten –, dass der Klausurbearbeiter komplette ausformulierte Lösungen früherer Fälle auswendig gelernt hat und unreflektiert in die Falllösung implementiert; höchst problematisch, denn „jeder Fall ist ein neuer Fall".

3.2 Konkrete Tipps zum Umgang mit den Klausuren

Zur effektiven Klausurvorbereitung möchte ich folgendes Vorgehen vorschlagen:
    Die Studierenden sollten die Klausuren „als Ernstfall proben". Dies bedeutet, dass sie sich zunächst über die Rahmenbedingungen klar werden, die für diese Fälle gelten:[19]
    Jede Klausur ist für eine Bearbeitungszeit von 75 Minuten konzipiert, d.h. in dieser Zeit muss(üssen) der(ie) jeweilige(n) Fall(älle) verstanden werden, sollte ein Bearbeitungskonzept (in diesem Buch: Gliederung zur Klausurlösung X) erstellt und ein ausformuliertes Gutachten (hier: ausformulierte Lösung zur Klausur X) geschrieben werden.
    Dies hat für eine optimale Klausurvorbereitung folgende Konsequenz: Der Bearbeiter sollte sich zunächst nur mit dem Klausurtext befassen und sich 75 Minuten Zeit nehmen (keine Zimmertür geht auf, kein Handy und keine weiteren ablenkenden Faktoren – wie in einer Klausur). Anschließend sollte er ca. 5–10 Minuten darauf verwenden, den(ie) Fall(älle) zu verstehen.
    Bei Klausuraufsichten beobachte ich immer wieder, dass Studierende bereits unmittelbar nach Erhalt der Aufgabenstellung mit dem Schreiben der ausformulierten Lösung beginnen. Ich möchte behaupten, dass es nahezu unmöglich ist, den(ie) Fall(älle) in dieser kurzen Zeit zu verstehen und ein Lösungskonzept zu entwickeln, welches einen erfolgreichen Lösungsweg garantiert.
    Weitere ca. 10–15 Minuten sollten nun für das Konzept (hier genannt: die Gliederung zur Klausurlösung X) verwendet werden. Ist diese Gliederung korrekt erstellt, steht einem sehr guten Klausurergebnis nichts im Wege: die Gliederung muss in der verbleibenden Zeit nur „ausformuliert" werden.
    Ich habe die Gliederung bewußt in der Weise erstellt, wie sie in dieser Phase der Klausur erstellt werden sollte: stichwortartig, teilweise mit ganzen Sätzen u.ä. Da die Gliederung nicht mitbewertet wird, ist eine bestimmte Form nicht

---

19   Vgl. bereits oben Seite 16ff.

einzuhalten; sie stellt – gut bewältigt – eine hervorragende Hilfe zur Erstellung der „eigentlichen Klausurlösung" dar.

Anschließend verbleiben noch ca. 50–60 Minuten Zeit, die Gliederung „auszufüllen", d.h. die vollständig ausformulierte Lösung zu entwerfen.

Nach Ablauf der 75 Minuten kann dann die Lösung mit den hier vertretenen Lösungsvorschlägen verglichen werden und der Bearbeiter wird selbst evaluieren können, ob seine Lösung die wesentlichen Punkte enthält oder nicht.

Zu den hier vertretenen Lösungen ist generell anzumerken, dass sie den Anspruch vertreten, eine gut vertretbare Lösung darzustellen. Bekanntermaßen gibt es aber „dort, wo zwei Juristen diskutieren, 5 Meinungen", welches bedeutet, dass – insbesondere bei unbestimmten Rechtsbegriffen mit vertretbarer Argumentation andere Meinungen und damit andere Lösungen vertreten werden können. Insofern sind die hier vertretenen Lösungen nicht als einzig richtige Lösungen aufzufassen, die vom Bearbeiter „getroffen" werden müssen; entscheidend für die Bewertung ist die Frage, ob ordentlich, vertretbar und nicht fehlerhaft argumentiert wurde.

Die Klausuren sind nach dem Zufallsprinzip (also nicht geordnet nach thematischen Gesichtspunkten) abgedruckt. Insofern können die Studierenden über die Reihenfolge der Bearbeitung selbständig entscheiden.

Abschließend möchte ich anmerken, dass die Hinweise natürlich im Wesentlichen auch für den „Ernstfall" gelten. Im „Ernstfall" sollte man auf jeden Fall noch beachten, dass man nicht „bis zur letzten Minute für die Klausur lernt". Vielmehr sollte man Entspannung suchen, um dann fit zur Klausur zu erscheinen.

In diesem Sinne wünsche ich nun allen Klausurbearbeitern viel Spaß beim Üben der Klausuren und viel Erfolg in Bezug auf die im jeweiligen Bachelorstudiengang zu absolvierenden Prüfungen.

4. 10 Klausuren und ihre Lösungen

Klausur 1: „Verona in Not"

Anna ist 20 Jahre alt, allein erziehende und allein sorgeberechtigte Mutter der 1-jährigen Verona. In der Kindheit wurde bei Anna eine Minderbegabung festgestellt. Ihre Eltern sind geschieden; ihr Vater ist schwer alkoholkrank und hat sich nie richtig um Anna gekümmert. Ihre Mutter leidet an einer psychischen Erkrankung und hat aufgrund dessen jeglichen Kontakt zu Anna abgebrochen. Bis zur Geburt von Verona war Anna mit Jürgen befreundet. Jürgen behauptet, der Vater von Verona zu sein, welches Anna „heftig" verneint; „schließlich habe sie in der gesetzlichen Empfängniszeit noch mit anderen Männern Geschlechtsverkehr gehabt." Auch bat sie Jürgen, „Verona und sie absolut in Ruhe zu lassen". Anna wohnte seit der Feststellung ihrer Schwangerschaft in einem Mutter-Kind-Haus in Köln und erhielt dort nach der Geburt von Verona Hilfestellung in Bezug auf Pflege und Versorgung ihres Säuglings. Schon in den ersten Monaten nach der Geburt stellten die Mitarbeiter des Mutter-Kind-Hauses Defizite bei Anna im Umgang mit Verona fest: Wenn Verona schrie, schlug Anna manchmal das Kind. Auch reagierte sie häufig nicht auf offensichtliche Hungersymptome bei Verona. Die Mitarbeiter des Mutter-Kind-Hauses führten eine Reihe von Gesprächen mit Anna und hofften, dass Anna ihr Verhalten ändern würde. Vor 4 Monaten lernte Anna Pedro kennen. Pedro ist 25 Jahre, ohne Berufsausbildung und arbeitslos. Zudem ist er wegen einfacher Körperverletzungsdelikte vorbestraft. Anna erklärte zwei Wochen später dem Mutter-Kind-Haus gegenüber, sie wolle zusammen mit Verona ab sofort mit Pedro in dessen Wohnung in Köln zusammenziehen. Trotz Bedenken insbesondere im Hinblick auf das Verhalten gegenüber Verona stimmten die dortigen Mitarbeiter dem zu; Anna lebte seitdem mit Verona bei Pedro.

Letzte Woche wurde Verona mit einem Rettungswagen bewusstlos ins Krankenhaus gebracht, nachdem ein anonymer Anrufer in einem Notruf von lauten Schreien in der Wohnung von Pedro berichtet hatte. Die Wohnung wurde den Sanitätern von Anna und Pedro geöffnet, die stark alkoholisiert waren und jegliche Aussage zum Geschehen in der Wohnung verweigerten. Verona kam im Krankenhaus wieder zu Bewusstsein und der behandelnde Arzt stellte eine schwere Gehirnerschütterung sowie schwere Blutergüsse an Armen, Hals und Beinen des Kindes fest. Am rechten Arm befanden sich zudem Spuren von zwei ausgedrückten Zigaretten. Der Arzt wandte sich daher an Sie, die Sie im Jugendamt der Stadt Köln arbeiten „mit der Bitte um weitere Veranlassung." Sie versuchten sofort, telefonisch Kontakt mit Anna und Pedro aufzunehmen. Dabei verweigerte Pedro weiter jegliche Aussage und Anna erklärte, „sie wolle Verona nicht verlieren und ihr Kind sofort wiederhaben". Sie stellen sich nun folgende Fragen:

1. Liegen die materiellen Voraussetzungen für eine vorläufige Maßnahme vor?
2. Nehmen Sie ferner an: Sie schalten das zuständige Familiengericht mit dem Ziel ein, Anna die elterliche Sorge für Verona teilweise zu entziehen und Verona anschließend eine Hilfe zur Erziehung nach §§ 27, 34 SGB VIII zu gewähren. Sie überlegen, ob Sie für das familiengerichtliche Verfahren die Bestellung eines Verfahrensbeistands anregen sollten?
3. Jürgen setzt sich mit Ihnen in Verbindung und erklärt, er wolle sich in Zukunft um „sein" Kind kümmern. Dazu müsse aber erst einmal „klar" sein, dass er rechtlich der Vater sei. Er fragt, auf welchem Wege er erfolgreich die „Anerkennung" seiner rechtlichen Vaterschaft erreichen könnte?

(Hinweis: Begründen Sie Ihre Antworten an Hand der einschlägigen Vorschriften. Gehen Sie bitte davon aus, dass alle Angaben im Sachverhalt zutreffen, etwaige weitere Ermittlungen ergeben keine neuen Erkenntnisse.)

Gliederung zur Klausurlösung 1

Themengebiete: Inobhutnahme nach §§ 42 Abs. 1 Satz 1 Nr. 2, 8a Abs. 3 Satz 2 SGB VIII, Verfahrensbeistand, Vaterschaftsfeststellung

1. Liegen die materiellen Voraussetzungen für eine vorläufige Maßnahme vor?

Inobhutnahme nach § 42 Abs. 1 Satz 1 Nr. 2, § 8a Abs. 3 Satz 2 SGB VIII

— Gefahr für das Wohl des Kindes?

- — Gefährdung liegt vor, wenn eine gegenwärtige oder zumindest unmittelbar bevorstehende Gefahr für die Kindesentwicklung abzusehen ist, die bei Fortdauer eine erhebliche Schädigung des körperlichen, geistigen oder seelischen Wohls des Kindes mit ziemlicher Sicherheit voraussehen lässt.

- — Festgestellt wurden: schwere Blutergüsse, schwere Gehirnerschütterung, ferner Spuren von zwei ausgedrückten Zigaretten.

- — Es liegen also bereits erhebliche schwere Schädigungen vor, aufgrund dessen können Wiederholungen nicht ausgeschlossen werden.

- — Insofern liegt eine gegenwärtige Gefahr vor, die bei Fortdauer (weitere) erhebliche Schädigungen des Wohls von Verona erwarten lassen.

- Dringende Gefahr?
    - Dringend ist die Gefahr, wenn eine Sachlage oder ein Verhalten bei ungehindertem Ablauf des objektiv zu erwartenden Geschehens mit hinreichender Wahrscheinlichkeit das Wohl des Kindes weiter in der Weise gefährdet, dass unmittelbares Handeln erforderlich wird.
    - Festgestellte Verletzungen deuten auf massive Gewaltanwendung hin.
    - Sowohl Anna als auch Pedro verweigern jegliche Aussage zum Geschehen in der Wohnung.
    - Auch zu bedenken: Vorstrafen von Pedro wegen einfacher Körperverletzungsdelikte und Defizite bei Anna im Umgang mit Verona
    - Insgesamt erscheint es als hinreichend wahrscheinlich, dass das Wohl von Verona weiterhin gefährdet wird, wenn man sie wiederum in die „alte Umgebung" entlässt.
- § 42 Abs. 1 Satz 1 Nr. 2a) SGB VIII: kein Widerspruch der Personensorgeberechtigten?
    - Anna als alleinige Personensorgeberechtigte möchte ihr Kind sofort zurückerhalten = schlüssiger Widerspruch gegen eine Inobhutnahme
    - § 42 Abs. 1 Satz 1 Nr. 2a) SGB VIII liegt nicht vor.
- §§ 42 Abs. 1 Satz 1 Nr. 2b), 8a Abs. 3 Satz 2 SGB VIII: Kann eine familiengerichtliche Entscheidung nicht rechtzeitig eingeholt werden?
    - Der Sachverhalt lässt dies offen. Konsequenzen:
    - Da hier ein unmittelbares Handeln geboten ist, muss abgeklärt werden, ob das Familiengericht unmittelbar eine Entscheidung treffen kann. Sofern dies der Fall ist, bedarf es keiner Inobhutnahme (Die nötigen Maßnahmen im Zusammenhang mit Verona erfolgen in diesem Fall aufgrund einer Anordnung des Familiengerichts. Ist eine unmittelbare Entscheidung nicht zu erhalten, liegen die Voraussetzungen für eine Inobhutnahme vor.

Ergebnis: §§ 42 Abs. 1 Satz 1 Nr. 2b), 8a Abs. 3 Satz 2 SGB VIII (+), sofern die Entscheidung des Familiengerichts nicht rechtzeitig eingeholt werden kann. Sofern dies möglich ist, erfolgen die nötigen Maßnahmen aufgrund einer Anordnung des Familiengerichts.

---

2. **Nehmen Sie ferner an: Sie rufen das zuständige Familiengericht mit dem Ziel an, Anna die elterliche Sorge für Verona teilweise zu entziehen und Verona anschließend eine Hilfe zur Erziehung nach §§ 27, 34 SGB VIII zu gewähren. Sie überlegen, ob Sie für das familiengerichtliche Verfahren die Bestellung eines Verfahrensbeistands anregen sollten?**

Verfahrensbeistand nach § 158 Abs. 1 FamFG – Voraussetzungen?

- Mdj. Kind?
    - (+), Verona ist 2 Jahre alt.

- Liegt ein ihre Person betreffendes Verfahren vor?

  - (+), es geht um das Sorgerecht über ihre Person und die mit der Gewährung einer Hilfe zur Erziehung nach §§ 27, 34 SGB VIII verbundene Trennung von Anna.

- Ist die Bestellung eines Verfahrenspflegers für die Wahrnehmung seiner Interessen erforderlich?

  - § 158 Abs. 1 FamFG? Zu beachten sind hier § 158 Abs. 2 Nr. 2 und 3 FamFG: danach ist die Bestellung in Verfahren nach den §§ 1666 und 1666a des Bürgerlichen Gesetzbuchs in der Regel erforderlich, wenn die teilweise oder vollständige Entziehung der Personensorge in Betracht kommt oder wenn eine Trennung des Kindes von der Person erfolgen soll, in deren Obhut es sich befindet. Beide Fälle = (+), die elterliche Sorge soll teilweise in einem Verfahren nach §§ 1666, 1666a BGB entzogen werden; ferner wird eine Hilfe zur Erziehung nach §§ 27, 34 SGB VIII angestrebt mit der Folge, dass Verona von der Person getrennt wird, in deren Obhut sie sich befindet. Anhaltspunkte dafür, dass hier ein Ausnahmefall (vom Regelfall) vorliegt, bestehen nicht.

Ergebnis: Die Voraussetzungen für die Bestellung eines Verfahrensbeistands liegen vor, die dementsprechende Anregung sollte erfolgen.

---

3. Jürgen setzt sich mit Ihnen in Verbindung und erklärt, er wolle sich in Zukunft um „sein" Kind kümmern. Dazu müsse aber erst einmal „klar" sein, dass er rechtlich der Vater sei. Er fragt, auf welchem Wege er erfolgreich die „Anerkennung" seiner rechtlichen Vaterschaft erreichen könnte?

Anerkenntnis der Vaterschaft nach § 1594 ff. BGB?

- Scheidet hier aus, da Anna „heftig" verneint, dass Jürgen der Vater ist und konkludent damit bekundet, dass sie dem Anerkenntnis nicht zustimmen würde (vgl. § 1595 Abs. 1 BGB).

Antrag auf Feststellung der Vaterschaft nach § 1600d Abs. 1 BGB i.V.m. §§ 171 Abs. 1, 169 Nr. 1 FamFG?

- Nicht-Bestehen einer Vaterschaft nach § 1592 Nr. 1 und 2, § 1593 BGB

  - hier (+); Anna ist weder mit dem Vater des Kindes verheiratet, noch liegt ein Vaterschaftsanerkenntnis vor, noch sind die Voraussetzungen des § 1593 BGB gegeben.

- Der Antrag hätte Erfolg, wenn zur Überzeugung des Gerichts die Vaterschaft von Jürgen in Bezug auf Verona bewiesen wird. Obwohl Anna und Jürgen einvernehmlich den Geschlechtsverkehr in der gesetzlichen Empfängniszeit (vgl. § 1600d Abs. 3 BGB) bejahen – vgl. die Vermutung des § 1600d Abs. 2 BGB –, dürften aufgrund des „Mehrverkehrs" schwerwiegende Zweifel an der Vaterschaft bestehen. Erforderlich ist insofern ein geeignetes Sachverständigengutachten.

Ergebnis: Jürgen könnte die „Anerkennung" seiner rechtlichen Vaterschaft durch einen Antrag auf Feststellung der Vaterschaft bei erfolgreichem Abschluss dieses Verfahrens erreichen.

Ausformulierte Lösung zur Klausur 1[20]

1. Liegen die materiellen Voraussetzungen für eine vorläufige Maßnahme vor?

Zu prüfen ist, ob die materiellen Voraussetzungen für eine Inobhutnahme nach § 42 Abs. 1, Satz 1 Nr. 2, § 8a Abs. 3 Satz 2 SGB VIII vorliegen.

Dann müsste eine Gefahr für das Wohl des Kindes oder des Jugendlichen vorliegen. Eine Gefährdung im Sinne der genannten Vorschriften liegt vor, wenn eine gegenwärtige oder zumindest unmittelbar bevorstehende Gefahr für die Kindesentwicklung abzusehen ist, die bei Fortdauer eine erhebliche Schädigung des körperlichen, geistigen oder seelischen Wohls[21] des Kindes mit ziemlicher Sicherheit voraussehen lässt.[22] Bei Verona wurden schwere Blutergüsse, schwere Gehirnerschütterungen und Spuren von zwei ausgedrückten Zigaretten festgestellt. Verona wurde bereits erheblich geschädigt; Wiederholungen können nicht ausgeschlossen werden. Insofern liegt eine gegenwärtige Gefahr vor, die bei Fortdauer eine (weitere) erhebliche Schädigung des Wohls von Verona erwarten lässt.

Erforderlich ist darüber hinaus gehend eine dringende Gefahr. Dringend ist die Gefahr, wenn eine Sachlage oder ein Verhalten bei ungehindertem Ablauf des objektiv zu erwartenden Geschehens mit hinreichender Wahrscheinlichkeit das Wohl des Kindes in der Weise weiter gefährdet, dass unmittelbares Handeln erforderlich wird.[23]

Die oben erwähnten festgestellten Verletzungen bei Verona deuten auf eine massive Gewaltanwendung hin. Anna und Pedro zeigen zum gegenwärtigen Zeitpunkt keine Kooperationsbereitschaft und verweigern jegliche Aussage zum Geschehen in der Wohnung. Mit zu bedenken sind auch die Tatsache, dass Pedro wegen einfacher Körperverletzungsdelikte bereits vorbestraft ist, und die Defizite

---

20 Der Sachverhalt wurde teilweise in Anlehnung an die lesenswerte Entscheidung des OLG Stuttgart, Beschluss vom 18.5.1998, 1 Ws 78/98, NJW 1998, 3132 = ZfJ 1998, 382, gebildet. Die Entscheidung beschäftigt sich in erster Linie mit dem Problem der strafrechtlichen Garantenstellung von Mitarbeitern von kommunalen Jugendämtern und Sozialdiensten sowie Trägern der freien Jugendhilfe in Fällen von Kindeswohlgefährdung.

21 Der Begriff des Kindeswohls entspricht dem in § 1666 BGB Genannten, vgl. dazu Wiesner, SGB VIII, § 42 Rn. 11; Röchling in: LPK-SGB VIII, § 42 Rn. 25; Tammen in: Münder/Wiesner, Handbuch, S. 244.

22 Vgl. MünchKomm/Olzen, BGB, § 1666 Rn. 50; BGH, Beschluss vom 14.7.1956 – IV ZB 32/56, FamRZ 1956, 350; Palandt/Diederichsen, BGB, § 1666 Rn. 10 m.w.N.; vgl. auch die Definition bei Jauernig/Berger, BGB, §§ 1666-1667 Rn. 4: Gefährdung ist ein Zustand, dessen Weiterentwicklung mit ziemlicher Sicherheit eine erhebliche Beeinträchtigung des Kindeswohls erwarten lässt.

23 Wiesner, SGB VIII, § 42 Rn. 11.

bei Anna im Umgang mit Verona. Insgesamt erscheint es als hinreichend wahrscheinlich, dass das Wohl von Verona weiterhin gefährdet wird, wenn man sie wiederum in die „alte Umgebung" entlässt, und insofern unmittelbares Handeln erforderlich ist." Das Merkmal „dringend" ist zu bejahen.

Schließlich ist Voraussetzung, dass die Personensorgeberechtigten nicht widersprechen, § 42 Abs. 1, Satz 1 Nr. 2a) SGB VIII. Ausdrücklich hat die nach §§ 1626, 1626a Abs. 1, 2 BGB alleinige Personensorgeberechtigte Anna der I-nobhutnahme nicht widersprochen; jedoch möchte sie nach eigenem Bekunden „ihr Kind sofort zurückerhalten". Diese Erklärung ist als schlüssiger Widerspruch gegen die Inobhutnahme mit der Folge auszulegen, dass die Voraussetzungen des § 42 Abs. 1, Satz 1 Nr. 2a) SGB VIII nicht vorliegen.

Insofern ist erforderlich, dass gemäß § 42 Abs. 1 Nr. 2 b) SGB VIII eine familiengerichtliche Entscheidung nicht rechtzeitig eingeholt werden kann. Ob dies der Fall ist, lässt der Sachverhalt offen. Dies führt zu folgendem Ergebnis: Sofern eine familiengerichtliche Entscheidung nicht eingeholt werden kann, liegen die materiellen Voraussetzungen für eine Inobhutnahme nach § 42 Abs. 1 Satz 1, Nr. 2 b), § 8a Abs. 3 Satz 2 SGB VIII vor. Kann die familiengerichtliche Entscheidung rechtzeitig eingeholt werden, erfolgen die für Verona nötigen Maßnahmen aufgrund der Entscheidung des Familiengerichts.

2. Nehmen Sie ferner an: Sie rufen das zuständige Familiengericht mit dem Ziel an, Anna die elterliche Sorge für Verona teilweise zu entziehen und Verona anschließend eine Hilfe zur Erziehung nach §§ 27, 34 SGB VIII zu gewähren. Sie überlegen, ob Sie für das familiengerichtliche Verfahren die Bestellung eines Verfahrensbeistands anregen sollten?

Die erste Voraussetzung für die hier in Betracht kommende Bestellung eines Verfahrensbeistands nach § 158 Abs. 1 FamFG – minderjähriges Kind – liegt vor: Verona ist erst 2 Jahre alt.

Ferner müsste ein ihre Person betreffendes Verfahren vorliegen. Da es um das Sorgerecht über ihre Person geht und die mit der Gewährung einer Hilfe zur Erziehung nach §§ 27, 34 SGB VIII verbundene Trennung von Anna, ist auch dieses Merkmal zu bejahen.

Entscheidend ist, ob die Bestellung eines Verfahrensbeistands für die Wahrnehmung ihrer Interessen erforderlich ist.[24] Zu beachten ist zunächst § 158 Abs. 2 Nr. 1 FamFG: danach ist die Bestellung in Verfahren nach den §§ 1666 und

---

24   Im Allgemeinen ist dies zu bejahen, wenn z.B. die Eltern die Interessen des Kindes nicht wahrnehmen wollen oder aus persönlichen Gründen nicht wahrnehmen können, vgl. Engelhard in: Keidel, FamFG, § 158 Rn. 7; vgl. auch Bumiller in: Bumiller/Harders, FamFG, § 158 Rn. 5.

1666a des BGB in der Regel erforderlich, wenn die teilweise oder vollständige Entziehung der Personensorge in Betracht kommt. Der teilweise Entzug des Sorgerechts wird angestrebt; die Voraussetzung liegt vor. Zu bejahen ist auch § 158 Abs. 2 Nr. 2 FamFG, denn angestrebt wird die Gewährung einer Hilfe zur Erziehung nach §§ 27, 34 SGB VIII, welche mit Veronas Trennung von Anna, d.h. der Person verbunden ist, in deren Obhut sie sich befindet. Zudem liegt der Regelfall des § 158 Abs. 2 FamFG vor; Anhaltspunkte dafür, dass ein Ausnahmefall vorliegt, bestehen nicht; insbesondere bestehen auch keine Anhaltspunkte dafür, dass zum derzeitigen Zeitpunkt ein Verfahrenspfleger (noch) nicht bestellt werden sollte.

Im Ergebnis liegen alle Voraussetzungen für die Bestellung des Verfahrensbeistands vor; die dementsprechende Anregung sollte erfolgen.

3. *Jürgen setzt sich mit Ihnen in Verbindung und erklärt, er wolle sich in Zukunft um „sein" Kind kümmern. Dazu müsse aber erst einmal „klar" sein, dass er rechtlich der Vater sei. Er fragt, auf welchem Wege er erfolgreich die „Anerkennung" seiner rechtlichen Vaterschaft erreichen könnte?*

Eine Anerkennung seiner Vaterschaft im eigentlichen Sinne nach § 1594 ff. BGB scheidet aus, denn Anna verneint, dass Jürgen der Vater von Verona ist und möchte auch keinen weiteren Kontakt mit Jürgen. Damit hat sie konkludent zum Ausdruck gebracht, dass sie einer Anerkennung der Vaterschaft gemäß § 1595 Abs. 1 BGB nicht zustimmen würde.

In Betracht kommt ein Antrag auf Feststellung der Vaterschaft nach § 1600d Abs. 1 BGB i.V.m §§ 171 Abs. 1, 169 Nr. 1 FamFG. Dies setzt nach § 1600d Abs. 1 BGB das Nichtbestehen einer Vaterschaft nach §§ 1592 Nr. 1 und 2, § 1593 BGB voraus. Da Anna zum Zeitpunkt der Geburt mit dem Vater von Verona nicht verheiratet war und auch niemand die Vaterschaft anerkannt hat, liegt eine Vaterschaft nach § 1592 Nr. 1 und 2 BGB nicht vor. Auch die Voraussetzungen des § 1593 BGB sind nicht gegeben. Erfolgreich wäre der Antrag, wenn bewiesen würde, dass Jürgen der Vater von Verona ist. Im Hinblick darauf, dass Anna und Jürgen den Geschlechtsverkehr innerhalb der gesetzlichen Empfängniszeit (vgl. § 1600d Abs. 3 BGB) bejahen, könnte die Vermutung des § 1600d Abs. 2 BGB greifen. Im Hinblick auf den Mehrverkehr von Anna dürfte diese aber nicht anzunehmen sein, weil insofern schwerwiegende Zweifel an der Vaterschaft bestehen.[25] Erforderlich wäre demnach ein gerichtlich eingeholtes Sachverständigengutachten.

---

25 Vgl. zur Problematik im Allgemeinen: Jauernig/Berger, BGB, § 1600d Rn. 4; Münch Komm/ Seidel, § 1600d Rn. 123 ff.; Palandt/Brudermüller, BGB, § 1600d Rn. 13; Schwab, FamR, Rn. 557.

Ergebnis: Jürgen könnte also die „Anerkennung" seiner rechtlichen Vaterschaft, d.h. die Feststellung der Vaterschaft vor dem zuständigen Familiengericht nach § 1600d Abs. 1 BGB i.V.m. §§ 171 Abs. 1, 169 Nr. 1 FamFG beantragen.

Klausur 2: „Mädchenturnen für Chantal?"

Eva ist 35 Jahre alt und lebte seit 10 Jahren mit dem 37-jährigen Martin zusammen. Seit dem erfolgreichen Abschluss ihres Studiums der Betriebswirtschaftslehre arbeiteten beide in einem Versicherungsunternehmen. Sie lebten in Köln im ersten Obergeschoss im Haus von Martins Mutter Ulla, die die Wohnung im Erdgeschoss bewohnte. Vor 5 Jahren wurde Eva Mutter ihrer Tochter Chantal und Martin erkannte rechtswirksam die Vaterschaft über Chantal an; auch gaben beide rechtswirksam Sorgeerklärungen ab. Im Hinblick auf die Berufstätigkeit der Eltern war Chantal tagsüber bei Martins Mutter und abends wurde sie von den Eltern „übernommen". Vor zwei Jahren kam es zu einer für alle unerwarteten Entwicklung: Infolge übermäßigen Alkoholgenusses im Dienst wurde Martin fristlos gekündigt. Martin hielt sich nun häufig zu Hause auf und konsumierte dort weiter Alkohol. Dies belastete zunehmend die Beziehung von Eva und Martin; mehrere Gespräche mit Martin führten im Ergebnis zu keiner Verhaltensänderung. Darauf zog Eva mit Chantal vor 9 Monaten aus der gemeinsamen Wohnung aus und bezog eine Dreizimmerwohnung in einem etwa 4 km entfernten Stadtteil von Köln; eine Rückkehr zu Martin lehnte sie kurzfristig wie langfristig „kategorisch" ab. Martin war darüber so enttäuscht, dass er für sich entschied, „ein neues Leben zu beginnen". Er beschloss, in Zukunft auch seinerseits den Kontakt zu Eva und Chantal nicht weiter aufrechtzuerhalten.

Chantal erhielt in der nahe gelegenen Kindertagesstätte einen Tagesstättenplatz und Eva konnte es einrichten, dass sie Chantal anschließend abholen konnte. Jedoch veränderte sich Chantals Verhalten seit dem Umzug in nicht positiver Weise. Die Erzieherin berichtete Eva schon nach 2 Wochen, dass Chantal in der Kindergartenumgebung ein sehr aggressives Verhalten zeige. Sie beteilige sich kaum an gemeinsamen Spielen der Kinder und mache häufig „Unfug" und schreie „die Bude zusammen". Zu Hause sei sie häufig „frech" zu Eva; sie werfe ihr vor, dass Eva es schuld sei, dass sie „keinen Vater mehr habe". Auch ist sie häufig ungehorsam, hält sich nicht an Gebote, hört bis tief in die Nacht Kindermusik und sitzt jeden Tag mindestens 3 Stunden vor dem Fernseher.

Eva meint, es müsse sich etwas ändern, andernfalls halte sie es nicht mehr lange mit Chantal aus. In einer Illustrierten hat sie gelesen, dass Kinder ohne ausreichende Bewegung ein aggressives Verhalten an den Tag legen. Eva möchte daher nun Chantal zum „Mädchenturnen" beim Sportverein „Bewegung jetzt e.V." (7 Termine à 1 Stunde, jeweils donnerstags zwischen 17.00 und 18.00 Uhr) anmelden. Als Martin davon erfährt, packt ihn entgegen seinem Vorsatz der „Vatergeist", und er erhebt „Einspruch": „da Chantal schon den ganzen Tag in der Kindertagesstätte sei, sei diese danach eher müde und brauche Ruhe. Nehme sie dann noch am „Mädchenturnen" teil, sei sie erheblich gefährdet, denn das Verletzungsrisiko sei zu hoch". Eva ist völlig anderer Meinung und überdies der Ansicht, dass Martin ihr in dieser Frage ohnehin nicht „reinreden könne". Sie ist sich aber in dieser Frage nicht sicher. Nach dem Chantals Erzieherin vor einigen Tagen erneut Eva auf das „stark aggressive und destruktive" Verhalten von Chantal hingewiesen hatte, sich auch das Verhalten von Chantal nicht verbessert, sondern eher verschlechtert und Eva das Gefühl hat, dass ihr „die Dinge über den Kopf wachsen", beschließt sie, „den Gang zum Jugendamt zu beschreiten". Sie wendet sich an Sie, die Sie beim Jugendamt der Stadt Köln als Sozialarbeiterin arbeiten, mit der Bitte „um Rat und Tat" und erwähnt – was zutrifft –, Martin habe ihr gegenüber erklärt, „er werde sich mit notwendigen Maßnahmen in Bezug auf Chantal einverstanden erklären". Sie stellen sich folgende Fragen:

1. Kann Eva die Entscheidung, Chantal beim „Mädchenturnen" anzumelden, alleine treffen?
2. Liegen die materiellen Voraussetzungen für eine Hilfe zur Erziehung (ggf. für welche?) nach § 27 ff. SGB VIII vor?

(Hinweis: Begründen Sie Ihre Antworten an Hand der einschlägigen Vorschriften. Gehen Sie bitte davon aus, dass alle Angaben im Sachverhalt zutreffen, etwaige weitere Ermittlungen ergeben keine neuen Erkenntnisse.)

Gliederung zur Klausurlösung 2

Themengebiete: Entscheidungsbefugnis bei gemeinsamen Sorgerecht nach Trennung; Hilfe zur Erziehung

> **1. Kann Eva die Entscheidung, Chantal beim „Mädchenturnen" anzumelden, alleine treffen?**
>
> *Alleinentscheidung nach § 1687 Abs. 1 Satz 2, 3 BGB?*
>
> –   Eltern steht die elterliche Sorge gemeinsam zu – §§ 1626 Abs. 1, 1626a BGB?
>
>   –   Eva und Martin Eltern von Chantal (§§ 1591, 1592 Nr. 2 BGB)

- Eva und Martin Eltern von Chantal (§§ 1591, 1592 Nr. 2 BGB)

- Zum Zeitpunkt der Geburt von Chantal nicht miteinander verheiratet

- Rechtswirksame Sorgerechtserklärungen nach § 1626a Abs. 1 BGB abgegeben; insofern steht ihnen die elterliche Sorge gemeinsam zu.

- Getrenntleben von Eva und Martin? (+)

  - § 1567 Abs. 1 BGB entsprechend, Eva ist mit Chantal ausgezogen und Ablehnung der häuslichen Gemeinschaft

- Kind hält sich mit Zustimmung des anderen Elternteils bei einem Elternteil auf? (+)

  - Chantal lebt mit Einverständnis von Martin bei Eva.

- Anmeldung „Mädchenturnen" Angelegenheit des täglichen Lebens – § 1687 Abs. 1 Satz 2 BGB?

  - Angelegenheit, die häufig vorkommt – § 1687 Abs. 1 Satz 3 BGB?

  - Angelegenheit der Freizeitgestaltung von Chantal

  - Kommt häufig vor – (+)

  - Entscheidung: keine schwer abzuändernde Auswirkung auf die Entwicklung des Kindes – oder Entscheidung von erheblicher Bedeutung – § 1687 Abs. 1 Satz 1 und 3 BGB?

  - Diskussion:

  - Verletzungsrisiko?

  - Ist gering einzuschätzen; Gruppen werden von geeigneten Mitarbeitern geführt.

  - Keine besonders gefährliche und zeitintensive Freizeitbetätigung, die sich erheblich auf z.B. schulische Leistungen auswirken wird.

Ergebnis: Die Entscheidung über die Anmeldung zum „Mädchenturnen" kann Eva alleine treffen.

---

2. Liegen die materiellen Voraussetzungen für eine Hilfe zur Erziehung (ggf. für welche?) nach § 27 ff. SGB VIII vor?

Eine dem Wohl von Chantal entsprechende Erziehung ist nicht gewährleistet?

- Erziehungsdefizite, die nicht durch die Personensorgeberechtigten beseitigt werden?

- Nicht bearbeitete Erziehungsdefizite (+): steigende Aggressivität, kein Einhalt gegen Kindermusikhören eines 5-jährigen Kindes bis tief in die Nacht und regelmäßiges Fernsehen von pro Tag 3 Stunden.

- Keine Ansätze erkennbar, dass Eva den Problemen mit entsprechenden Erziehungsmaßnahmen begegnet; Hilflosigkeit von Eva

Antrag der Personensorgeberechtigten?

- Antrag Eva wohl (+), wendet sich ans Jugendamt; Martin – ebenfalls (+) – erklärt sich mit notwendigen Maßnahmen einverstanden.

Die angestrebte Hilfe erscheint geeignet und notwendig?

- Hilfeangebote nach §§ 27 Abs. 2, 28 – 35 SGB VIII?

- Lösung der Problematik innerhalb der Familie (Mutter und Chantal) erscheint noch möglich, da Auffälligkeiten noch eher gering. Also kein §§ 33, 34 SGB VIII

- Erziehungsberatung nach § 28 SGB VIII – Effektive Unterstützung im Sinne dieser Vorschrift erscheint geeignet, die hier auftretenden Probleme zu bewältigen.

- Daher auch Angebote mit „intensiverer Betreuung (§§ 30, 31, 32 und 35 SGB VIII) (-)

- Entsprechendes gilt auch für § 29 SGB VIII, noch nicht erforderlich.

Ergebnis: Die materiellen Voraussetzungen für eine Hilfe zur Erziehung nach §§ 27, 28 SGB VIII liegen vor.

Ausformulierte Lösung zur Klausur 2

1. Kann Eva die Entscheidung, Chantal beim „Mädchenturnen" anzumelden, alleine treffen?

In Betracht kommt ein Alleinentscheidungsrecht von Eva nach § 1687 Abs. 1 Satz 2, 3 BGB.

Eva und Martin sind nach §§ 1591, 1592 Nr. 2 BGB Eltern von Chantal; Martin hat die Vaterschaft rechtskräftig nach §§ 1592 Nr. 2, 1594 ff. BGB anerkannt. Ferner müssten Eva und Martin das Sorgerecht nach §§ 1626 Abs. 1, 1626a Abs. 1 BGB gemeinsam zustehen. Beide waren zum Zeitpunkt der Geburt nicht miteinander verheiratet und sie haben beide gemäß § 1626a Abs. 1 Nr. 1 BGB rechtswirksam Sorgeerklärungen abgegeben; insofern steht ihnen die elterliche Sorge gemeinsam zu.

Weiterhin müssten Eva und Martin nicht nur vorübergehend getrennt leben. Für nichteheliche Partner ist in Ermangelung einer speziellen Vorschrift § 1567 entsprechend heranzuziehen.[26] Danach leben Partner getrennt, wenn zwischen ihnen keine häusliche Gemeinschaft besteht und ein Partner sie erkennbar nicht

---

26   So auch PWW-Ziegler, BGB, § 1687 Rn. 1.

herstellen will, weil er die (bisher gelebte) Gemeinschaft ablehnt. Eva ist mit Chantal aus der gemeinsamen Wohnung ausgezogen und lehnt eine Rückkehr zu Martin kurzfristig wie langfristig kategorisch ab. Die häusliche Gemeinschaft besteht nicht mehr und es kann auch davon ausgegangen werden, dass Eva das Wiederherstellen der häuslichen Gemeinschaft ablehnt; diese Voraussetzung liegt vor.[27]

Auch die nächste Voraussetzung ist gegeben; Chantal hält sich mit Zustimmung von Martin bei Eva auf.

Entscheidend ist, ob es sich bei der Anmeldung zum „Mädchenturnen" um eine Angelegenheit des täglichen Lebens im Sinne von § 1687 Abs. 1 Satz 2-3 BGB handelt, in diesem Fall hätte Eva als der Elternteil, bei dem sich Chantal mit Zustimmung von Martin aufhält, das Alleinentscheidungsrecht. Nach § 1687 Abs. 1 Satz 3 BGB sind Entscheidungen in Angelegenheiten des täglichen Lebens in der Regel solche Entscheidungen, die häufig vorkommen und die keine schwer abzuändernden Auswirkungen auf die Entwicklung des Kindes haben. Gemeint sind häufig[28] (im Familienalltag) vorkommende Situationen, die eine sorgerechtliche Entscheidung der Eltern erfordern wie z.B. Bestimmung der Schlafenszeit, Entscheidungen im Zusammenhang mit dem Schulalltag, Routineerlaubnisse im Rahmen der Freizeitgestaltung wie z.B. der Besuch von Badeanstalten, Fernsehkonsum u.ä.[29] Fällt die Freizeitbetätigung dagegen besonders gefährlich und zeitintensiv aus, so dass (negative) Auswirkungen z.B. auf die schulischen Leistungen zu erwarten wären, könnte diese schwer abzuändernde Auswirkungen auf die Entwicklung des Kindes mit der Folge haben, dass diese Entscheidung nur von beiden Personensorgeberechtigten getroffen werden könnte.[30]

Zu diskutieren ist, ob Chantals Teilnahme am Mädchenturnen keine schwer abzuändernden Auswirkungen auf ihre Entwicklung haben wird. Man könnte darauf abstellen, dass beim Turnen das Risiko besteht, dass sich Chantal nicht unerheblich verletzt und dies insofern schwer abzuändernde Auswirkungen auf die Entwicklung des Kindes hätte. Zu berücksichtigen ist aber, dass dieses Risiko als

---

27 Diese Voraussetzung könnte auch damit begründet werden, dass Martin ebenfalls beschlossen hat, keine weiteren Beziehungen mehr zu Eva und Chantal zu pflegen.

28 Bei dem Merkmal „häufig" ist nicht darauf abzustellen, dass die Entscheidungen im Einzelnen (d.h. hier die Entscheidung über die Teilnahme am Mädchenturnen) mehrfach zu treffen ist (Die fragliche Entscheidung ist nämlich voraussichtlich nur einmal zu treffen). Vielmehr ist zu überlegen, welcher übergeordneten Kategorie die Entscheidung zugeordnet werden kann (hier: Freizeitgestaltung) und Fragen dieser Kategorie sind öfter (= häufiger) zu entscheiden.

29 Vgl. dazu Palandt/Diederichsen, BGB, § 1687 Rn. 11; MünchKomm/Finger, BGB, § 1687 Rn. 8; Jauernig/Berger, BGB, § 1687 Rn. 4.

30 Vgl. MünchKomm/Finger, BGB, § 1687 Rn. 8.

sehr gering einzuschätzen ist – und damit für die zu treffende Bewertung vernachlässigt werden kann; solche Turngruppen werden im Regelfall von geschulten Mitarbeitern geführt, die geeignete Maßnahmen zur Verhinderung von Unfällen treffen (Hilfestellungen, Matten u.ä.). Auch handelt es sich bei dieser Freizeitmaßnahme nicht um eine gefährliche und zeitintensive Betätigung, die sich erheblich auf Chantals sonstige Entwicklung auswirken würden. Insofern ist davon auszugehen, dass die Entscheidung über Chantals Teilnahme am Mädchenturnen keine schwer abzuändernden Auswirkungen auf Chantals Entwicklungen haben würde. Damit liegen die Voraussetzungen für eine Angelegenheit des täglichen Lebens vor.

Ergebnis: Die Entscheidung über die Anmeldung zum „Mädchenturnen" kann Eva nach § 1687 Abs. 1 Satz 2 und 3 BGB alleine treffen.

2. *Liegen die materiellen Voraussetzungen für eine Hilfe zur Erziehung (ggf. für welche?) nach § 27 ff. SGB VIII vor?*

Zu prüfen, ist ob eine dem Wohl von Chantal entsprechende Erziehung nicht gewährleistet ist. Dieses Merkmal liegt vor, wenn ein erzieherischer Bedarf (bzw. ein Erziehungsdefizit) des Kindes im Einzelfall vorliegt und diese Mangellage durch die Erziehungsleistung der Eltern nicht beseitigt wird.[31] Erziehungsdefizite in Bezug auf Chantal liegen vor; eine altersgerechte Erziehung würde bei einem 5-jährigen Mädchen dafür sorgen, dass es nicht ständig bis tief in die Nacht Musik hört und regelmäßig 3 Stunden pro Tag fernsieht. Auch würden erzieherische Maßnahmen gegen die Aggressivität ergriffen. Jedoch sind keinerlei Ansätze erkennbar, dass Eva den Problemen mit entsprechenden Erziehungsmaßnahmen begegnen würde; vielmehr offenbart ihr Verhalten eine gewisse Hilflosigkeit in Erziehungsfragen. Da Eva sich Hilfe suchend an das Jugendamt wendet und aus eigener Kraft keine Mittel und Wege findet, der Entwicklung Einhalt zu gebieten und auch Martin keinerlei entsprechende Anstrengungen dagegen unternimmt, ist insgesamt eine dem Wohl von Chantal entsprechende Erziehung nicht gewährleistet.

Hilfe zur Erziehung nach §§ 27 ff. SGB VIII setzt ferner einen Antrag[32] der Personenberechtigten voraus. Eva wendet sich an das Jugendamt und insofern

---

31 Vgl. Kunkel in: LPK-SGB VIII, § 27 Rn. 2 m.w.N.; vgl. auch Tammen/Trenczek in: FK-SGB VIII, § 27 Rn. 7.

32 So BVerwG, Urteil vom 28.9.2000, 5C 29.99, ZfJ 2001, 310; Fischer in: Schellhorn/Fischer/Mann, SGB VIII, § 27 Rn. 21; Happe/Sauerbier in: Jans/Happe/Saurbier/Maas, KJHG, § 27 Art. 1 KJHG Rn. 10b. Andere verneinen einen Antrag im eigentlichen Sinne und nehmen als Erfordernis (lediglich) eine Mitwirkungsbereitschaft der Personensorgeberechtigten an, vgl. Wiesner,

kann davon ausgegangen werden, dass sie einen entsprechenden Antrag stellen wird. Entsprechendes gilt für Martin, der Eva gegenüber sein Einverständnis mit „notwendigen Maßnahmen in Bezug auf Chantal" erklärt hat. Zudem müssten eine (mehrere) Hilfen geeignet und notwendig erscheinen. Zu prüfen ist, ob Hilfeangebote nach §§ 28 – 35 SGB VIII in Betracht kommen. Aufgrund der Formulierung in § 27 Abs. 2 SGB VIII („Hilfe zur Erziehung wird insbesondere...") ist zu bedenken, dass auch andere Hilfeangebote erwogen werden können.

Aufgrund der bisher festgestellten Defizite (Auffälligkeiten bei Chantal) erscheint es noch möglich, die Problematik innerhalb der Beziehung zwischen Mutter und Kind zu lösen. Eva möchte sich vom Jugendamt helfen lassen und es bestehen auch keine Anhaltspunkte dafür, dass das Verhältnis zwischen Mutter und Kind so stark gestört wäre, dass eine Lösung innerhalb der „Familie"[33] nicht angedacht werden sollte. Insofern scheiden zum derzeitigen Zeitpunkt Hilfeangebote außerhalb der eigenen Familie nach §§ 33, 34 SGB VIII aus.

Da einige Auffälligkeiten (langes Kindermusikhören bis tief in die Nacht und häufiges Fernsehen) mit einer altersentsprechenden Erziehung begegnet werden könnte, kommt als Hilfeangebot die Erziehungsberatung nach § 28 SGB VIII in Betracht. Es erscheint nicht ausgeschlossen, dass Eva mit entsprechender Anleitung und Unterstützung die individuellen und familienbezogenen Probleme in den Griff bekommt. Nötig sind insofern insbesondere eine Klärung der zugrunde liegenden Faktoren sowie die Lösung spezifischer Erziehungsfragen bei Trennung und Scheidung. Dies erscheint (zunächst) als geeignete und notwendige Hilfe ausreichend zu sein. Aus diesem Grunde sollten Angebote, die eine intensivere Betreuung beinhalten wie Erziehungsbeistand, Betreuungshelfer (§ 30 SGB VIII), sozialpädagogische Familienhilfe (§ 31 SGB VIII), Erziehung in einer Tagesgruppe (§ 32 SGB VIII) sowie eine intensive sozialpädagogische Einzelbetreuung (§ 35 SGB VIII[34]) derzeit nicht angedacht werden. Entsprechendes gilt für soziale Gruppenarbeit (§ 29 SGB VIII); Chantal ist noch kein älteres Kind[35] und diese Hilfeform erscheint zum gegenwärtigen Zeitpunkt noch nicht als erforderlich.

SGB VIII, § 27 Rn. 26; Kunkel in: LPK-SGB VIII, § 27 Rn. 1; Tammen/Trenczek in: FK-SGB VIII, § 27 Rn. 43.

33 Vgl. zum Begriff der Familie im Bereich des SGB VIII Fischer in: Schellhorn/Fischer/Mann, SGB VIII, § 16 Rn. 5.

34 § 35 SGB VIII könnte ohnehin unmittelbar nicht angewendet werden, weil dieses Hilfeangebot für Jugendliche konzipiert ist.

35 Vgl. dazu allgemein Fischer in: Schellhorn/Fischer/Mann, SGB VIII, § 29 Rn. 9: Von älteren Kindern wird man in der Regel erst ab einem Alter von 12 Jahren ausgehen können.

Ergebnis: Die materiellen Voraussetzungen für eine Hilfe zur Erziehung nach § 27 SGB VIII liegen vor; vorrangig sollte eine Erziehungsberatung nach §§ 27 Abs. 1, 2, 28 SGB VIII gewährt werden.

Klausur 3: „Matthias und der „Stress zu Hause"

Marlies und Max, beide 49 Jahre alt, sind seit 13 Jahren glücklich verheiratet. Sie wohnen in einer Eigentumswohnung in der Kölner Südstadt, die noch nicht abgezahlt ist. Sie haben einen 12-jährigen Sohn, Matthias, der in die 6. Klasse der nahe gelegenen Hauptschule geht. Vor 8 Monaten wurde Max arbeitslos. Um den finanziellen Verpflichtungen nachzukommen, arbeitet er seitdem abends bis in die Nacht in einer Gaststätte mit Nachtclub als Kellner und schläft tagsüber. Marlies, die wegen Matthias damals ihren Job als Näherin aufgegeben hat, kommt mit der sich abzeichnenden finanziellen Schieflage überhaupt nicht klar: Sie liegt öfter tagsüber auf dem Sofa und beklagt die schlechte Lage. Auch greift sie immer häufiger zu alkoholischen Getränken. Die Erziehung von Matthias spielt kaum noch eine Rolle.

Matthias machte bisher einen sehr unauffälligen Eindruck, was sich aber seit einem halben Jahr massiv veränderte. Er besuchte die Schule immer unregelmäßiger; in der Schule benahm er sich sehr auffällig, schlug seine Mitschüler, so dass seinetwegen bereits die Klassenkonferenz mehrfach tagen musste. Zudem wurde er häufig an Stellen gesehen, an denen Drogen konsumiert werden. Als die Polizei bei Marlies und Max auftauchte und erwähnte, dass Matthias im Verdacht stehe, in ein Einfamilienhaus eingebrochen zu haben, stellte Max Matthias zur Rede. Er gestand die Tat ein und erklärte, „für seinen Drogenverbrauch benötige er Geld" und „er müsse sich dies irgendwie ja beschaffen".

Die Eltern gerieten darauf in einen Streit, wer nun für die Entwicklung bei Matthias verantwortlich sei. Es kam vermehrt auch zu körperlichen Auseinandersetzungen, bei denen Max sowohl Marlies als auch Matthias schlug. Nachdem das Jugendamt von der Polizei eingeschaltet wurde, übernahm die Sozialarbeiterin Ute, die Soziale Arbeit studiert hat, den Fall. Sie versuchte drei Mal, mit Marlies und Max Kontakt aufzunehmen. Ein Schreiben blieb unbeantwortet, ein zweites Schreiben wurde mit dem lapidaren Satz beantwortet: „Wir wollen mit dem Amt nichts zu tun haben, kümmern Sie sich um Ihre Privatangelegenheiten, Marlies und Max." Als Ute dann versuchte, Marlies und Max zu Hause zu besuchen, wurde ihr nicht geöffnet. Max schrie hinter der Tür „Wenn Sie vom Amt sind, gehen Sie dorthin, wo Sie herkommen". Ute nahm darauf in der Schule Kontakt mit der Lehrerin von Matthias auf. Diese berichtete, dass die Auffälligkeiten von Matthias unvermindert vorlägen. Es müsse dringend etwas geschehen.

In der Schule gelang es Ute, auch mit Matthias zu reden. Matthias berichtete über den „Scheiß" mit seinen Eltern und den „Stress" zu Hause. Dies sei der Grund für sein auffälliges Verhalten. Jedoch wolle er von zu Hause nicht weg, denn irgendwie würde „sein Vater schon irgendwann mal aufhören, ihn zu schlagen" und er „liebe seinen Vater". Auf die Frage, ob er angebotene Hilfen annehmen würde, antwortete er zustimmend.

Wieder im Jugendamt, überlegt Ute nun das weitere Vorgehen. Dabei stellt sie sich folgende Fragen:

1. Welche weiteren Schritte sollten im Hinblick auf Matthias unternommen werden? (Hinweise: Gehen Sie bitte von der Zuständigkeit des Jugendamtes aus. Angaben dazu und zu konkreten Hilfearten im Sinne der §§ 27 Abs. 2, 28–35 SGB VIII und zu vorläufigen Maßnahmen sind nicht zu machen.)
2. Peter und Paul saßen bei einer Familienfeier nebeneinander. Peter ist der Bruder von Anneliese. Anneliese ist mit Georg verheiratet. Paul ist der Onkel von Georg. Peter und Paul kamen ins Gespräch. Plötzlich sagte Peter zu Paul: „Was ein Glück, dass wir nicht miteinander verschwägert sind". Ihnen, die sie zurzeit Soziale Arbeit und vor kurzem eine Modulveranstaltung zum Thema „Basics des Familienrechts" besucht haben, kommen Bedenken. Sie fragen sich: Sind Peter und Paul miteinander verschwägert?

(Hinweis: Begründen Sie Ihre Antworten an Hand der einschlägigen Vorschriften. Gehen Sie bitte davon aus, dass alle Angaben im Sachverhalt zutreffen, etwaige weitere Ermittlungen ergeben keine neuen Erkenntnisse.)

Gliederung zur Klausurlösung 3

Themengebiete: Schutzauftrag bei Kindeswohlgefährdung gemäß §§ 8a Abs. 1, 3 SGB VIII; Verwandtschaft

> 1. **Welche weiteren Schritte sollten im Hinblick auf Matthias übernommen werden? (Hinweise: Gehen Sie bitte von der Zuständigkeit des Jugendamtes aus. Angaben dazu, zu konkreten Hilfearten im Sinne der §§ 27 Abs. 2, 28 – 35 SGB VIII sind nicht zu machen.)**
>
>   *§ 27 Abs. 1 SGB VIII? – Voraussetzungen ?*
>
>   – Ist eine Matthias Wohl entsprechende Hilfe durch die Eltern nicht gewährleistet?
>
>   – Erziehungsdefizite, die nicht durch die Personensorgeberechtigten beseitigt werden?

- Aspekte: Matthias Verhalten in der Schule immer auffälliger, unregelmäßiger Schulbesuch, Matthias schon straffällig (Einbruchsdiebstahl), Drogenkonsum und Nähe zum Drogenmilieu
    - Erziehung von Matthias spielt kaum noch eine Rolle.
    - Schläge des Vaters
- Jedoch: kein Antrag der Eltern: § 27 SGB VIII (-)

Einschaltung des Familiengerichts nach §§ 8a Abs. 1, 3 SGB VIII mit dem Ziel, eine Entscheidung nach §§ 1666, 1666a BGB herbeizuführen – teilweise Entziehung der Personensorge?

- Gewichtige Anhaltspunkte für die Gefährdung des körperlichen, geistigen und seelischen Wohls von Matthias; erforderlich schwere und erhebliche Schädigung des Kindes ist mit ziemlicher Sicherheit voraussehbar?
    - Gefahr für Kindeswohl: Schläge des Vaters, Drogenkonsum und Nähe zum Drogenmilieu; unregelmäßiger Schulbesuch; sehr auffälliges und aggressives Verhalten.
    - Ist schwere und erhebliche Schädigung von Matthias mit ziemlicher Sicherheit voraussehbar?
    - Matthias würde ohne Intervention weiter vom Vater geschlagen, Drogen konsumieren und sich dies durch Straftaten finanzieren; sein (körperliches, geistiges und seelisches) Wohl würde weiter schwer und erheblich geschädigt.
    - also (+)
- Erforderlichkeit des Tätigwerdens des Familiengerichts?
    - (+), weil Eltern von sich aus nicht bereit sind, die Gefährdung mit Hilfe des Jugendamtes abzuwenden.
- Folge: Anrufung des Familiengerichts; Aufgabe des Jugendamtes: gemäß § 50 Abs. 1 und 2 SGB VIII Einbringen aller das Kindeswohl betreffenden Gesichtspunkte
    - Aufgrund Gefährdungslage: Entscheidung des Familiengerichts nach §§ 1666, 1666 a BGB – Voraussetzungen?
    - Gefährdung des körperlichen, geistigen und seelischen Wohles; (+), s.o.
    - Eltern sind nicht gewillt oder in der Lage, die Gefährdung abzuwenden: (+), s.o.
    - Rechtsfolge: Familiengericht hat die zur Abwendung der Gefahr erforderlichen Maßnahmen zu treffen.
    - Kompetenz, Matthias zu erziehen, zu pflegen, zu beaufsichtigen und ggf. seinen Aufenthalt zu bestimmen, wird teilweise genommen: Personensorge wird insoweit teilweise entzogen.
    - Dafür Pflegerbestellung nach § 1909 BGB
    - Auswahl und Anordnung: §§ 1915, 1779 BGB

- Vorschlag durch Jugendamt, § 53 SGB VIII

- falls keine geeignete Person zur Verfügung: Jugendamt kann zum Pfleger bestellt werden, § 1791b BGB.

- Pfleger: Antrag auf Hilfe zur Erziehung nach § 27 SGB VIII

- Beteiligung des Pflegers und von Matthias an der Hilfeplanung (§§ 36 Abs. 1, 8 SGB VIII).

Ergebnis: Anrufung des Familiengerichts nach §§ 8a Abs. 1, 3 SGB VIII mit dem Ziel, Marlies und Max die elterliche Sorge teilweise zu entziehen und an deren Stelle einen Pfleger einzusetzen. Er beantragt anschließend Hilfe zur Erziehung nach §§ 27 ff. SGB VIII.

---

2. **Sind Peter und Paul miteinander verschwägert?**

§ 1590 BGB: Die Verwandten eines Ehegatten sind mit dem anderen Ehegatten verschwägert.

- Anneliese und Georg – Ehegatten; ihre Verwandten wären mit dem jeweils anderen Ehegatten verschwägert (also mit Anneliese oder Georg).

- Peter – mit Anneliese nach § 1589 Satz 2 BGB in der Seitenlinie verwandt.

- aber: Paul ist nicht Ehegatte von Anneliese.

- oder:

- Paul – mit Georg nach § 1589 Satz 2 BGB in der Seitenlinie verwandt.

- aber: Peter ist nicht der Ehegatte von Georg.

Ergebnis: Peter und Paul sind nicht miteinander verschwägert.

Ausformulierte Lösung zur Klausur 3

1. Welche weiteren Schritte sollten im Hinblick auf Matthias übernommen werden? (Hinweise: Gehen Sie bitte von der Zuständigkeit des Jugendamtes aus. Angaben dazu und zu konkreten Hilfearten im Sinne der §§ 27 Abs. 2, 28 – 35 SGB VIII sowie zu vorläufigen Maßnahmen sind nicht zu machen.)

In Betracht kommt eine Hilfe zur Erziehung nach § 27 Abs. 1 SGB VIII. Dann müsste eine dem Wohl von Matthias entsprechende Erziehung durch die Personensorgeberechtigten (d.h. seine Eltern Marlies und Max) nicht gewährleistet sein. Dieses Merkmal liegt vor, wenn ein erzieherischer Bedarf (bzw. ein Erziehungsdefizit) des Kindes im Einzelfall vorliegt und diese Mangellage durch die

Erziehungsleistung der Eltern nicht beseitigt wird.[36] Eine dem Wohl eines 12-jährigen Jungen entsprechende Erziehung wäre gewaltfrei und würde darauf hinwirken, dass die Schule möglichst problemlos absolviert wird, und nach Kräften verhindern, dass das Kind straffällig wird. Max schlägt sowohl Matthias als auch Marlies und die Erziehung von Matthias spielt kaum noch eine Rolle mit der Folge, dass Matthias bereits in der Schule auffällig und straffällig geworden ist. Auch ist sein Schulbesuch unregelmäßig und er konsumiert Drogen und hält sich an Stellen auf, wo Drogen konsumiert werden. Insgesamt ist eine dem Wohle von Matthias entsprechende Erziehung nicht gewährleistet.

Entscheidend ist aber, dass die Eltern als Personensorgeberechtigte und Anspruchssteller Hilfe beantragen.[37] Da Marlies und Max sowohl schriftlich als auch im Zusammenhang mit Utes Hausbesuch hinter der Tür unmissverständlich deutlich machten, dass sie mit dem „Amt" nichts zu tun haben wollten, ist nicht davon auszugehen, dass ein derartiger Antrag gestellt werden wird. § 27 Abs. 1 SGB VIII scheidet daher aus.

In Betracht kommt, dass gemäß § 8a Abs. 1, 3 SGB VIII das Familiengericht eingeschaltet werden muss. Voraussetzung ist zunächst, dass gewichtige Anhaltspunkte für eine Gefährdung des Wohls von Matthias vorliegen. Das Kindeswohl ist im Sinne von § 8a Abs. 1 SGB VIII gefährdet, wenn eine gegenwärtige, in einem solchen Maße vorhandene Gefahr gegeben ist, dass sich bei der weiteren Entwicklung des Kindes eine erhebliche Schädigung mit ziemlicher Sicherheit voraussehen lässt.[38] Eine Gefahr für das körperliche und seelische Wohl besteht durch die vermehrten Schläge des Vaters. Der Konsum von Drogen bringt das körperliche Wohl in Gefahr und unregelmäßiger Schulbesuch sowie die Nähe zum Drogenmilieu und die Begehung von Straftaten zur Finanzierung des Drogenkonsums stellen eine Gefahr für das geistige Wohl von Matthias dar. Sein sehr auffälliges Verhalten und seine Aggressivität bedroht sein seelisches Wohl. Da Matthias ohne Intervention weiter vom Vater geschlagen, Drogen konsumieren und sich dies durch Straftaten finanzieren würde, ist eine schwere und erhebliche Schädigung von Matthias (insbesondere Drogenabhängigkeit, seelische Verwahr-

---

36 Vgl. Kunkel in: LPK-SGB VIII, § 27 Rn. 2 m.w.N.; vgl. auch Tammen/Trenczek in: FK-SGB VIII, § 27 Rn. 7.

37 Vgl. zur Frage, ob Hilfe zur Erziehung einen Antrag erfordert, die Ausführungen oben in Fußnote 32.

38 Die Voraussetzung „Gefahr für das Kindeswohl" ist im Rahmen von § 8a Abs. 1 SGB VIII wie bei § 1666 Abs. 1 BGB zu verstehen, vgl. BT-Drs. 15/3676, S. 30; Happe/Sauerbier in: Jans/Happe/Sauerbier/Maas, KJHG, § 8a Art. 1 KJHG Rn. 19, Bringewat in: LPK-SGB VIII, § 8a Rn. 12; vgl. zu der Voraussetzung BGH, Beschluss vom 14.7.1956 – IV ZB 32/56, FamRZ 1956, 350; Palandt/Diederichsen, BGB, § 1666 Rn. 10 m.w.N.

losung) mit ziemlicher Sicherheit voraussehbar; eine Gefährdung des Wohls von Matthias im Sinne von § 8a Abs. 1 SGB VIII liegt vor. Da die Eltern durch ihr unmissverständliches Verhalten zeigen, dass sie nicht bereit sind, bei der Abschätzung des Gefährdungsrisikos im Rahmen des § 8a Abs. 1 SGB VIII mitzuwirken, ist das Familiengericht anzurufen. In diesem Verfahren hat das Jugendamt nach § 50 Abs. 1 und 2 SGB VIII die Aufgabe, alle das Kindeswohl betreffenden Gesichtspunkte in das gerichtliche Verfahren einzubringen und dem Gericht einen Entscheidungsvorschlag zu unterbreiten.[39]

Im Hinblick auf die Gefährdungslage kommt eine Entscheidung des Familiengerichts nach §§ 1666, 1666a BGB in Betracht. Eine Gefährdung des körperlichen, geistigen und seelischen Wohls des Kindes liegt – wie bereits geprüft – vor. Wie ebenfalls bereits geprüft haben die Eltern durch ihr Verhalten unmissverständlich zum Ausdruck gebracht, dass sie nicht gewillt sind, die Gefährdung abzuwenden.

Damit liegen die Voraussetzungen des § 1666 Abs. 1 BGB vor; demzufolge hat das Familiengericht die zur Abwendung der Gefahr erforderlichen Maßnahmen zu treffen. Im Kern muss zur Abwendung der Gefahr das Erziehungsdefizit durch Gewährung einer geeigneten Hilfe zur Erziehung nach den §§ 27 ff. SGB VIII beseitigt werden. Da die Personenberechtigten (Marlies und Max) einen entsprechenden Antrag nicht stellen, müssen ihnen die aus der Personensorge resultierenden hier maßgeblichen Rechte (Matthias zu erziehen, zu pflegen, zu beaufsichtigen und ggf. seinen Aufenthalt zu bestimmen) teilweise entzogen werden. Korrespondierend dazu muss diesbezüglich nach §§ 1909 Abs. 1, 1915 Abs. 1, 1779 BGB ein geeigneter Pfleger ausgewählt und bestellt werden. Gemäß § 53 Abs. 1 SGB VIII unterbreitet das Jugendamt dem Familiengericht einen Personenvorschlag; steht eine geeignete Person nicht zur Verfügung; kann das Jugendamt als Pfleger bestellt werden. Der Pfleger wird eine geeignete Hilfe zur Erziehung nach § 27 SGB VIII beantragen. Das Jugendamt wird ihn und Matthias an der weiteren Hilfeplanung gemäß §§ 36 Abs. 1, 8 SGB VIII im Hilfeplanverfahren beteiligen.

Ergebnis: Das Familiengericht ist nach §§ 8a Abs. 1, 3 SGB VIII mit dem Ziel anzurufen, dass gemäß § 1666 Abs. 1 BGB eine Entscheidung dahingehend ergeht, dass Marlies und Max die elterliche Sorge teilweise entzogen und an deren Stelle ein Pfleger eingesetzt wird, der durch Beantragung einer geeigneten

---

39 Vgl. zur stritten Frage, ob das Jugendamt verpflichtet ist, im Rahmen seiner Mitwirkung nach § 50 Abs. 1 und 2 SGB VIII einen Entscheidungsvorschlag zu unterbreiten, bejahend Kunkel in: LPK-SGB VIII, § 50 Rn. 12; a.A. Trenczek in: FK-SGB VIII, § 50 Rn. 9; H. Schellhorn in: Schellhorn/Fischer/Mann, SGB VIII, § 50 Rn. 19.

Hilfe nach §§ 27 ff. SGB VIII für eine dem Wohl von Matthias entsprechende Erziehung sorgen wird.

2. Sind Peter und Paul miteinander verschwägert?

Zu prüfen ist, ob die Voraussetzungen des § 1590 Abs. 1 Satz 1 BGB vorliegen. Danach sind die Verwandten eines Ehegatten mit dem anderen Ehegatten verschwägert. Zwar sind Anneliese und Georg Ehegatten und insofern wären ihre Verwandten mit dem jeweils anderen Ehegatten verschwägert (also mit Anneliese oder Georg). Peter ist zwar als Bruder mit Anneliese nach § 1589 Satz 2 BGB in der Seitenlinie verwandt. Jedoch ist Paul nicht der Ehegatte von Anneliese mit der Folge, dass Peter und Paul danach nicht verschwägert sind.[40]

Ergebnis: Peter und Paul sind nicht miteinander verschwägert.

---

40 Dieses Ergebnis kann auch ausgehend von Paul begründet werden: Paul ist zwar gemäß § 1589 Satz 2 BGB mit Georg in der Seitenlinie verwandt. Aber Peter ist nicht der Ehegatte von Georg.

Klausur 4: „Maria und Marlene"

1. Bei der nicht verheirateten, in Köln mit ihren 2 Kindern (Marvin, 13 Jahre und Ivonne, 8 Jahre) lebenden allein erziehenden Maria hängt seit etwa drei Monaten der Haussegen schief: Marvin wurde in der Schule immer auffälliger, schlug seine Mitschüler, schwänzte häufig die Schule und kam auch abends – wenn überhaupt – sehr spät nach Hause. Dann roch er stark nach Nikotin und Alkohol. Versuche von Maria, mit Marvin darüber zu reden, schlugen fehl, denn Marvin meinte stets, „er sei für sich selbst verantwortlich und Maria solle sich um ihre eigenen Angelegenheiten kümmern". In der Schule gelang es der von der Lehrerin eingeschalteten Schulsozialarbeiterin nicht, einen Kontakt zu Marvin herzustellen, auch Maria reagierte auf entsprechende Schreiben der Schule nicht.

Nach dem Marvin vor drei Wochen einem Mitschüler vorsätzlich einen Schneidezahn ausgeschlagen hatte, wurde – neben der Polizei – von der Schule auch das Jugendamt der Stadt Köln eingeschaltet. Ihnen, die Sie dort als Sozialarbeiterin arbeiten, gelang es, Kontakt mit Maria aufzunehmen. Maria erklärte Ihnen, dass sie bereits damit gerechnet hätte, dass „sich irgendwann einmal das Jugendamt einschalten würde". Aufgrund ihrer Berufstätigkeit (38,5 Stundenstelle als Verkäuferin in einem großen Kölner Kaufhaus) könne sie sich einfach nicht genügend um Marvin kümmern. Während sie für Ivonne einen Hortplatz erhalten habe und Ivonne „auch sowieso keine Probleme mache"; sei Marvin immer ein Sorgenkind für sie gewesen. Irgendwie brauche sie Hilfe und eine Arbeitskollegin habe ihr erzählt, dass in einem – aus ihrer Sicht – vergleichbaren Fall eine junge Frau eine intensive sozialpädagogische Einzelbetreuung für ihren „aufmüpfigen und pubertierenden" Sohn erhalten habe. Maria habe sich daher überlegt, dies sei die Lösung, und bittet Sie, „alles Weitere in die Wege zu leiten".

Sie überlegen nun,

ob Maria einen Anspruch auf eine intensive sozialpädagogische Einzelbetreuung hat? (Ausführungen zu formellen Anspruchsvoraussetzungen sind nicht zu machen.)

2. Marlene und Dieter sind Geschwister. Marlene hat einen 10-jährigen Sohn (Georg) und Dieter eine 14-jährige Tochter. In einem gegen Dieter gerichteten

Strafverfahren wegen sexuellen Missbrauchs seiner Tochter soll Georg als Zeuge aussagen. Dieser möchte die Aussage verweigern und wendet sich an Sie, die Sie in einer Familienberatungsstelle des örtlichen Caritasverbandes für die Stadt Köln e.V. arbeiten. Sie fragen sich,

2.1 ob Georg im Strafverfahren gegen Dieter ein Zeugnisverweigerungsrecht nach § 52 Abs. 1 Nr. 3 StPO hat?

Marlene hat auch noch eine 1-jährige Tochter, sie heißt Rosa. Peter ist Marlenes Freund und hat die Vaterschaft über Rosa wirksam anerkannt. Während der gesetzlichen Empfängniszeit im Sinne des § 1600d Abs. 3 BGB hatte Marlene aber auch noch mit ihrer Jugendliebe Robert Geschlechtsverkehr. Im Hinblick auf die sich nach ihrer Auffassung immer mehr abzeichnende „Ähnlichkeit in den Gesichtszügen zu Robert" ist Marlene nun nicht mehr sicher, von wem Rosa abstammt. Peter dagegen meint, dass Rosa „ganz klar" ihm ähnlich sehe und beharrt darauf, der Vater von Rosa zu sein. Marlene möchte die rechtliche Vaterschaft geklärt wissen und fragt Sie:

2.2 ob und ggf. wie sie insoweit die Klärung erreichen kann? (Hinweis: § 1598a BGB ist nicht zu prüfen)

(§ 52 Abs. 1 Nr. 3 StPO lautet:

(1) Zur Verweigerung des Zeugnisses sind berechtigt:

....

3. wer mit dem Beschuldigten in gerader Linie verwandt oder verschwägert, in der Seitenlinie bis zum dritten Grad verwandt oder bis zum zweiten Grad verschwägert ist oder war.

…)

(Hinweis: Begründen Sie Ihre Antworten an Hand der einschlägigen Vorschriften. Gehen Sie bitte davon aus, dass alle Angaben im Sachverhalt zutreffen, etwaige weitere Ermittlungen ergeben keine neuen Erkenntnisse.)

Gliederung zur Klausurlösung 4

Themengebiete: Hilfe zur Erziehung, Verwandtschaft, Vaterschaftsfeststellung

1. **Sie überlegen nun, ob Maria einen Anspruch auf eine intensive sozialpädagogische Einzelbetreuung hat? (Ausführungen zu formellen Anspruchsvoraussetzungen sind nicht zu machen.)**

   §§ 27 Abs. 1, 35 SGB VIII – Voraussetzungen?

   – Eine dem Wohl von Marvin entsprechende Erziehung ist nicht gewährleistet?

      – Erziehungsdefizite, die nicht durch die Personensorgeberechtigten beseitigt werden?

      – Erziehungsdefizite: Nicht Einschreiten gegen Schulschwänzen, Nikotin und Alkoholkonsum, Aggressivität

      – Aufgrund Erklärung Marias, sich aufgrund der Berufstätigkeit nicht genügend um Marvin kümmern zu können, wird deutlich, dass nötige Erziehungsmaßnahmen nicht ergriffen werden.

   – Antrag der Personensorgeberechtigten?

      – Maria ist allein sorgeberechtigt (§§ 1626, 1626a Abs. 2 BGB), damit allein antragsberechtigt.

      – Die Bitte „ alles Weitere in die Wege zu leiten", ist konkludent als ein solcher Antrag auszulegen.

   – Die angestrebte Hilfe erscheint geeignet und notwendig?

      – Kommt § 35 SGB VIII in Betracht?

      – Zu bedenken Formulierung § 27 Abs. 2 SGB VIII („Hilfe zur Erziehung wird insbesondere ..."); auch andere Hilfeangebote (z.B. §§ 28 – 34 SGB VIII und weitere Angebote) können erwogen werden.

      – § 35 SGB VIII – da Marvin 13 Jahre und Angebot nur für Jugendliche? Aber: ein Angebot entsprechend § 35 SGB VIII im Rahmen der „insbesondere" Formulierung im Rahmen des § 27 Abs. 2 SGB VIII möglich

      – § 35 SGB VIII – da Marvin 13 Jahre und Angebot nur für Jugendliche? Aber: ein Angebot entsprechend § 35 SGB VIII im Rahmen der „insbesondere" Formulierung im Rahmen des § 27 Abs. 2 SGB VIII möglich

      – Hilfeangebot im Rahmen des § 35 SGB VIII vor allem an solche Jugendliche, die sich allen anderen Hilfeangeboten entziehen und sich dabei in besonders gefährlichen Lebenssituationen befinden.

      – Andere Angebote sind nicht ausreichend.

      – Marvin – überhaupt noch kein Hilfeangebot im Rahmen der Hilfe zur Erziehung

      – auch keine besonders gefährliche Lebenssituation

      Andere Angebote kommen in Betracht wie z.B. ein Erziehungsbeistand oder Betreuungshelfer nach § 30 SGB VIII, die Marvin unter Einbeziehung des sozialen Umfelds unterstützen und unter Erhaltung des Lebensbezugs zur Familie seine Verselbständigung fördern.

Ergebnis: Da andere Hilfeangebote geeigneter erscheinen, kein Anspruch von Maria auf eine intensive sozialpädagogische Einzelbetreuung nach den Grundsätzen und Regelungen der §§ 27, 35 SGB VIII.

2.1 Hat Georg im Strafverfahren gegen Dieter ein Zeugnisverweigerungsrecht nach § 52 Abs. 1 Nr. 3 StPO?

Ist Georg mit Dieter in gerader Linie oder in der Seitenlinie bis zum dritten Grad verwandt?

–   Georg ist mit Dieter nicht in gerader Linie nach § 1589 Satz 1 BGB verwandt, denn sie stammen nicht von einander ab.

–   Georg und Dieter sind in der Seitenlinie nach § 1589 Satz 2 BGB verwandt, da sie nicht in gerader Linie verwandt sind, jedoch von derselben dritten Person abstammen (hier: der Mutter bzw. dem Vater von Dieter und Georgs Mutter Marlene).

–   Sind sie in der Seitenlinie bis zum 3. Grad verwandt? – § 1589 Satz 3 BGB: Der Grad der Verwandtschaft bestimmt sich nach der Zahl der sie vermittelnden Geburten.

–   Relevante Geburten sind hier die Geburt von Dieter, die Geburt von Marlene und die Geburt von Georg, also 3 Geburten; die Geburten der Mutter bzw. des Vaters von Dieter und Marlene bleiben außer Betracht.

Ergebnis: Im Hinblick auf die 3 o. a. Geburten sind Georg und Dieter im dritten Grad in der Seitenlinie verwandt mit der Folge, dass Georg ein Zeugnisverweigerungsrecht nach § 52 Abs. 1 Nr. 3 StPO zusteht.

2.2 Marlene möchte die rechtliche Vaterschaft geklärt wissen und fragt Sie, ob und ggf. wie sie insoweit die Klärung erreichen kann? (Hinweis: § 1598a BGB ist nicht zu prüfen)

Da Peter die Vaterschaft wirksam anerkannt hat, kommt zunächst die Anfechtung der Vaterschaft nach §§ 1599 ff. BGB i.V.m. §§ 171 Abs. 1, 169 Abs. 4 FamFG in Betracht.

–   Anfechtungsberechtigung nach § 1600 Abs. 1 Nr. 3 BGB?

     –   Ja, Marlene ist die Mutter von Rosa.

–   Anfechtungsfrist – § 1600 b BGB?

     –   Die Vaterschaft kann gemäß § 1600b Abs. 1 BGB binnen 2 Jahren gerichtlich angefochten werden; die Frist beginnt nicht vor der Geburt und nicht, bevor die Anerkennung wirksam geworden ist – § 1600b Abs. 2 BGB.

     –   Da Rosa erst 1 Jahr alt ist, ist die Frist gewahrt.

Ergebnis: Marlene kann im Wege eines Antrags nach §§ 1599 ff. BGB i.V.m. §§ 171 Abs. 1, 169 Nr. 4 FamFG die Vaterschaft von Peter anfechten. Stellt sich in diesem Prozess heraus, dass Peter der Vater ist, hat Marlene insofern Gewissheit. Stellt sich hingegen heraus, dass Peter nicht der Vater von Rosa ist, wird dem Antrag stattgegeben. Marlene kann dann gemäß § 1600d Abs. 1 BGB i.V.m. §§ 171 Abs. 1, 169 Nr. 4 FamFG einen Antrag auf Feststellung der Vaterschaft von Robert stellen. Mit ihrer Zustimmung kann Robert auch die Vaterschaft anerkennen, §§ 1594 ff. BGB.

Ausformulierte Lösung zur Klausur 4

1. Sie überlegen nun, ob Maria einen Anspruch auf eine intensive sozialpädagogische Einzelbetreuung hat? (Ausführungen zu formellen Anspruchsvoraussetzungen sind nicht zu machen.)

Zu prüfen ist, ob die Voraussetzungen der §§ 27 Abs. 1, 35 SGB VIII vorliegen. Zunächst ist erforderlich, dass eine dem Wohl von Marvin entsprechende Erziehung nicht gewährleistet ist. Eine dem Wohl des Kindes entsprechende Erziehung ist gewährleistet, wenn die Grundbedürfnisse eines Kindes bzw. Jugendlichen erfüllt werden.[41] Dies ist nicht der Fall, wenn Erziehungsdefizite vorliegen, die von den Personensorgeberechtigten nicht beseitigt werden. Erziehungsdefizite liegen vor; gegen Schulschwänzen wie auch gegen Nikotin- und Alkohohlkonsum sowie die Aggressivität von Marvin werden keine Maßnahmen ergriffen. Maria als die Personensorgeberechtigte ergreift nötige Erziehungsmaßnahmen nicht; ihre Erklärung, sich aufgrund der Berufstätigkeit nicht genügend um Marvin kümmern zu können, legt ein gewisses Maß an Hilflosigkeit offen. Insgesamt ist eine dem Wohl von Marvin entsprechende Erziehung nicht gewährleistet.

Erforderlich ist ferner ein Antrag[42] der Personensorgeberechtigten. Der allein erziehenden, nicht verheirateten Maria steht nach § 1626a Abs. 2 BGB das alleinige Sorgerecht zu. Einen ausdrücklichen Antrag auf Gewährung von Hilfe zur Erziehung hat Maria nicht gestellt; jedoch ist ein ausdrücklich gestellter Antrag nicht erforderlich; vielmehr kann der Antrag auch konkludent durch ein Verhalten gestellt werden, welches eindeutig zum Ausdruck bringt, dass die Leistung erbeten wird. Da Maria bittet, „alles Weitere in die Wege zu leiten", macht sie unmissverständlich klar, dass sie um Hilfe, d.h. hier Hilfe zur Erziehung bittet. Inso-

---

41 Vgl. Kunkel in: LPK-SGB VIII, § 27 Rn. 3.
42 Zur Frage, ob § 27 SGB VIII einen Antrag erfordert, vgl. bereits oben Fußnote 32.

fern ist dieses Verlangen als Antrag im Sinne des § 27 Abs. 1 SGB VIII aufzufassen.

Schließlich müsste die beantragte Hilfeform geeignet und notwendig sein; d.h. die beantragte intensive sozialpädagogische Einzelbetreuung müsste nach § 35 SGB VIII als Hilfeangebot in Betracht kommen. In diesem Zusammenhang ist aufgrund der Formulierung in § 27 Abs. 2 SGB VIII („Hilfe zur Erziehung wird insbesondere…") zu bedenken, dass auch andere Hilfeangebote (z.B. §§ 28 – 34 SGB VIII und weitere Angebote) erwogen werden können. Der Hilfesuchende hat nämlich im Regelfall keinen Anspruch auf jede konkrete Hilfe, die er wünscht, sondern auf die geeignete und notwendige Hilfe, die von seinen Wünschen im Einzelfall abweichen kann.[43]

Der beantragten intensiven sozialpädagogischen Einzelbetreuung nach §§ 27 Abs. 1, 2, 35 SGB VIII könnte zunächst entgegenstehen, dass sich das Hilfeangebot an Jugendliche (d.h. nach § 7 Abs. 1 Nr. 2 SGB VIII Personen zwischen 14 und 18 Jahren) richtet. Marvin ist 13 Jahre, so dass eine direkte Anwendung des § 35 SGB VIII ausscheidet. Jedoch bleibt zu prüfen, ob im Rahmen der Formulierung „insbesondere" im Rahmen des § 27 Abs. 2 SGB VIII ein Hilfeangebot entsprechend[44] der Regelung des § 35 SGB VIII zu erwägen ist, denn Maria wünscht im Zweifel – unabhängig von der konkreten, nur auf Jugendliche zugeschnittenen Regelung – eine intensive sozialpädagogische Einzelbetreuung für Marvin.

Im Rahmen des § 35 SGB VIII richtet sich das Hilfeangebot vor allem an solche Jugendliche, die sich allen anderen Hilfeangeboten entziehen und sich dabei in besonders gefährlichen Lebenssituationen befinden;[45] andere Angebote reichen nicht aus.[46] Mit Blick auf den zu beachtenden Grundsatz der Verhältnismäßigkeit erscheint es geboten, auf dieses mit einer sehr intensiven Betreuung verbundene Hilfeangebot erst zurückzugreifen, wenn andere weniger intensive Hilfeformen nicht aussichtsreich erscheinen.

Da für Marvin noch überhaupt kein Hilfeangebot im Rahmen der Hilfen zu Erziehung beansprucht worden ist, erscheint vor diesem Hintergrund zweifelhaft, ob eine, dem Grundgedanken des § 35 SGB VIII folgende intensive sozialpäda-

---

43 Es besteht insbesondere kein Anspruch auf eine vom Personensorgeberechtigten gewünschte Hilfe, die im konkreten Fall ungeeignet ist, vgl. Wiesner, SGB VIII, Rn. 1, 2.
44 Vgl. dazu allgemein Fischer in: Schellhorn/Fischer/Mann, SGB VIII, § 35 Rn. 3 m.w.N..
45 Tammen in: Münder/Wiesner, Handbuch, Rn. 31.
46 Vgl. dazu allgemein Fischer in: Schellhorn/Fischer/Mann, SGB VIII, § 35 Rn. 5 m.w.N.; Struck/Trenczek in: FK-SGB VIII, § 35 Rn. 12; vgl. auch Nonninger in: LPK-SGB VIII, § 35 Rn. 6: Intensive sozialpädagogische Einzelbetreuung ist nur notwendig, wenn der Hilfebedarf nicht durch andere geeignete, aber pädagogisch weniger intensive Hilfeformen befriedigt werden kann.

gogische Einzelbetreuung die geeignete und notwendige Hilfe ist. Auch befindet er sich nicht in einer besonders gefährlichen Lebenssituation. In Betracht kommen vielmehr andere (mit weniger intensiver Betreuung verbundene) Angebote wie z.b. ein Erziehungsbeistand oder Betreuungshelfer nach § 30 SGB VIII, die Marvin unter Einbeziehung des sozialen Umfelds unterstützen und unter Erhaltung des Lebensbezugs zur Familie seine Verselbständigung fördern würden.

Da andere Hilfeangebote geeigneter erscheinen, scheidet ein Anspruch von Maria auf eine intensive sozialpädagogische Einzelbetreuung nach den Grundsätzen und Regelungen der §§ 27, 35 SGB VIII aus.

2.1. Hat Georg im Strafverfahren gegen Dieter ein Zeugnisverweigerungsrecht nach § 52 Abs. 1 Nr. 3 StPO?

Georg hätte in dem Strafverfahren gegen Dieter ein Zeugnisverweigerungsrecht, wenn er mit Dieter in gerader Linie oder in der Seitenlinie bis zum dritten Grad verwandt wäre. Da Georg und Dieter nicht von einander abstammen, ist Georg nicht mit Dieter nach § 1589 Satz 1 BGB verwandt. Da Dieter und Georg aber von derselben dritten Person, d.h. der Mutter (bzw. dem Vater) von Dieter und Georgs Mutter Marlene abstammen, sind beide gemäß § 1589 Satz 2 BGB in der Seitenlinie verwandt. Zu prüfen bleibt, ob sie in der Seitenlinie bis zum 3. Grad verwandt sind. Nach § 1589 Satz 3 BGB bestimmt sich der Grad der Verwandtschaft nach der Zahl der sie vermittelnden Geburten. Da die Geburt der die Verwandtschaft jeweils herstellenden Person (also die Geburt des Vaters bzw. der Mutter von Marlene und Dieter) nicht mitgezählt wird,[47] sind die relevanten Geburten die Geburt von Georg, Marlene und die Geburt von Dieter, also 3 Geburten. Damit sind Georg und Dieter in der Seitenlinie im 3. Grad miteinander verwandt.

Ergebnis: Georg hat ein Zeugnisverweigerungsrecht im Strafverfahren gegen Dieter aus § 52 Abs. 1 Nr. 3 StPO.

2.2 Marlene möchte die rechtliche Vaterschaft geklärt wissen und fragt Sie, ob und ggf. wie sie insoweit die Klärung erreichen kann? (Hinweis: § 1598a BGB ist nicht zu prüfen)

Da Peter die Vaterschaft über Rosa wirksam anerkannt hat, kommt zunächst die Anfechtung der Vaterschaft nach § 1599 ff. BGB i.V.m. §§ 171 Abs. 1, 169 Nr. 4 FamFG in Betracht. Gemäß § 1600 Abs. 1 Nr. 3 BGB ist Marlene als Mutter von Rosa zur Anfechtung berechtigt. Zudem müsste die Anfechtungsfrist gemäß § 1600b Abs. 1 BGB gewahrt sein. Nach dieser Vorschrift kann die Vaterschaft

---

47   Vgl. dazu allgemein MünchKomm/Seidel, BGB, § 1589 Rn. 21.

binnen 2 Jahren gerichtlich angefochten werden. Die Frist beginnt gemäß § 1600b Abs. 2 BGB nicht vor der Geburt und nicht, bevor die Anerkennung wirksam geworden ist. Da Rosa erst 1 Jahr alt ist, ist die Frist gewahrt.

Ergebnis: Damit kann Marlene die Vaterschaft von Peter mit einem Antrag beim zuständigen Familiengericht anfechten. Stellt sich in diesem Verfahren heraus, dass Peter der Vater von Rosa ist, hat Marlene insofern Klarheit. Stellt sich hingegen heraus, dass Peter nicht der Vater von Rosa ist, wird ihrem Antrag stattgegeben. Marlene kann dann gemäß § 1600d Abs. 1 BGB i.V.m. §§ 171 Abs. 1, 169 Nr. 1 FamFG einen Antrag auf Feststellung der Vaterschaft Roberts stellen.[48] Mit ihrer Zustimmung könnte Robert auch die Vaterschaft nach §§ 1594 ff. BGB anerkennen.

---

48   Beide Verfahren können auch miteinander verbunden werden, vgl. § 179 Abs. 1 FamFG.

Klausur 5: „Umgang mit drogensüchtiger Eva"

Benno (45 Jahre) und Claudia (40 Jahre) sind seit 20 Jahren verheiratet und Eltern der 22-jährigen Eva und der 8-jährigen Petra. Seit einiger Zeit kriselte es in der Familie: Claudia begann vor 5 Jahren aus Frust über die Ehe mit Benno Drogen zu konsumieren. Dies führte bei ihr zu schwerwiegenden psychischen Erkrankungen mit der Folge, dass sie häufig in psychiatrischen Krankenhäusern behandelt werden musste. Vor 2 Jahren trennten sich Benno und Claudia. Seitdem lebten Benno und Petra sowie Claudia und Eva in getrennten, nahe beieinander liegenden Wohnungen. Da Benno tagsüber arbeitet, verbrachte Eva viel Zeit mit Petra, kümmerte sich um die Hausaufgaben und sorgte für die Mahlzeiten. Eva arbeitet abends als Kellnerin in einer Gaststätte. Als sich der Zustand von Claudia derart verschlechterte, dass sie fortan in einer geschlossenen Abteilung eines psychiatrischen Krankenhauses untergebracht werden musste, wurde durch Entscheidung des zuständigen Familienrechts Benno die elterliche Sorge über Petra allein übertragen. Als Benno erfuhr, das Eva ebenfalls mit dem Konsum von Drogen (in erster Linie Haschisch) begonnen hatte, verbat er mit sofortiger Wirkung Eva, in die Nähe von Petra zu gelangen. Zudem sorgte er für eine Nachmittagsbetreuung für Petra. Petra, die sich in dieser Zeit zunehmend mit Eva stritt, war damit einverstanden. Eva war damit aber überhaupt nicht einverstanden. Sie verlangte von Benno, Petra mindestens einmal in der Woche sehen zu dürfen. Schließlich habe sie über die Jahre eine enge Beziehung zu Petra aufgebaut und dies sei für sie eine wichtige Stütze. Ferner versprach sie, während der Treffen keine Drogen zu konsumieren und Petra gegenüber darüber auch keine Angaben zu machen. Benno blieb jedoch bei seiner Haltung. Benno ist nicht sicher, ob seine Rechtsauffassung zutreffend ist. Er wendet sich an das Jugendamt in Köln und bat „um umfassenden Rat in Sachen Evas Verlangen".

1. Ist das Jugendamt im Hinblick auf Bennos Anliegen sachlich zuständig?
2. Vorausgesetzt das Jugendamt ist sachlich zuständig, welchen Rat wird es Benno erteilen?

Zu ihrem 8. Geburtstag erhielt Petra ein neues Skateboard. Sie probierte dies in der Folgezeit einige Male erfolgreich auf einem Gehweg vor der väterlichen Wohnung in Köln aus. Links neben dem Gehweg befindet sich ein Radweg, daneben die Straße. Dabei lernte sie die Eigenarten des Skateboards kennen und merkte häufig, „dass das Skateboard seine eigenen Wege geht", wenn man zu schnell und damit nicht mehr kontrolliert fährt. Gestern nun passierte es. Am Nachmittag fuhr Petra wieder Skateboard, jedoch viel zu schnell: Sie verlor die Kontrolle über das Skateboard, welches gegen das Fahrrad der auf dem Radweg ordnungsgemäß fahrenden Studentin der Sozialen Arbeit Heike prallte, die sich nach geschriebener Modulprüfungsklausur auf dem Heimweg befand. Heike stürzte, hatte jedoch Glück im Unglück: sie blieb unverletzt, jedoch war ihr Fahrrad erheblich beschädigt; Vorderrad und Gabel müssen ausgetauscht werden (Schaden: 150,– Euro).

3. Heike möchte nun von Ihnen wissen, ob sie einen Anspruch gegen Petra auf Zahlung der 150,– Euro aus § 823 Abs. 1 BGB hat?

(Hinweis: Begründen Sie Ihre Antworten an Hand der einschlägigen Vorschriften. Gehen Sie bitte davon aus, dass alle Angaben im Sachverhalt zutreffen, etwaige weitere Ermittlungen ergeben keine neuen Erkenntnisse.)

Gliederung zur Klausurlösung 5

Themengebiete: Zuständigkeit des Jugendamtes, Umgangsrecht einer Schwester, Haftung eines 8-jährigen Mädchens

1. Ist das Jugendamt im Hinblick auf Bennos Anliegen sachlich zuständig?

Sachliche Zuständigkeit nach §§ 85 Abs. 1, 2, 69 Abs. 1, 3 SGB VIII

– Zuständigkeit des örtlichen Trägers? Der örtliche Träger der Jugendhilfe, der nach § 69 Abs. 1 SGB VIII nach Landesrecht bestimmt wird, errichtet nach § 69 Abs. 3 SGB VIII ein Jugendamt.

– Gewährung von Leistungen nach § 2 Abs. 2 Nr. 2 SGB VIII i.V.m. § 18 Abs. 3 Satz 3 SGB VIII; Benno ist der Vater von Petra, damit Beratungsanspruch (+)

– Keine Zuständigkeit des überörtlichen Trägers nach § 85 Abs. 2 SGB VIII, (+), da keiner der dortigen Fälle gegeben ist.

Ergebnis: Das Jugendamt ist nach §§ 85 Abs. 1, 2, 69 Abs. 1, 3 SGB VIII i.V.m. § 2 Abs. 2 Nr. 2 SGB VIII sachlich zuständig.

2. Vorausgesetzt das Jugendamt ist sachlich zuständig, welchen Rat wird es Benno erteilen?

Rat nach § 18 Abs. 3 Satz 3 SGB VIII – Frage des „ob" und „wie" des Umgangsrechts; richtet sich nach §§ 1684, 1685 BGB

- Eva – Schwester von Petra (Geschwister im Sinne von § 1685 Abs. 1 BGB)

- Umgangsrecht dann, wenn dies dem Wohl von Petra dient, § 1685 Abs. 1 BGB

  - Dem Kindeswohl dient auch Umgang mit Personen, zu denen das Kind Bindungen besitzt, wenn ihre Aufrechterhaltung für seine Entwicklung förderlich ist, § 1626 Abs. 3 Satz 2 BGB.

  - Alle Umstände sind zu berücksichtigen.

  - Für Umgangsrecht:

  - Eva hat viel Zeit mit Petra verbracht.

  - Sorge um Hausaufgaben und für Mahlzeiten

  - Aufbau einer nicht unerheblichen Beziehung zu Petra

  - Mutter nicht mehr vollständig vorhanden, insofern Umgang förderlich

  - Gegen Umgangsrecht:

  - Drogenkonsum von Eva – schädlich für Petra – aber: Versprechen kein Konsum im Beisein von Petra

  - Petra ist mit Umgangsverbot einverstanden – aber wohl nicht überbewerten, nicht ausgeschlossen: vorübergehende Erscheinung und Änderung ihrer Meinung bei entsprechender Beratung.

  - Abwägung: (+) für Umgangsrecht

  - Gemäß §§ 1685 Abs. 1, 3 Satz 1, 1684 Abs. 4 Satz 1 BGB Einschränkung des Umgangsrechts (z.B. durch Anordnung begleiteten Umgangs gemäß §§ 1685 Abs. 1, 3, 1684 Abs. 4 Sätze 3, 4 BGB) möglich, soweit dies zum Wohle des Kindes erforderlich ist; auch zu beachten: Grundsatz der Verhältnismäßigkeit

  - Hier: Drogenkonsum, jedoch Versprechen Evas, während der Treffen keine Drogen zu konsumieren – könnte für Umgangrecht ohne Einschränkung sprechen.

  - Andererseits zu bedenken: Petra ist zurzeit mit Umgangsverbot einverstanden und Petra und Eva stritten zunehmend; in dieser Situation nicht ausgeschlossen, dass bei unkontrolliertem Umgang sich Eva nicht dem Wohl von Petra entsprechend verhält (auch hält sie vielleicht ihr Versprechen im Hinblick auf diese Situation nicht ein).

  - Insgesamt zum Wohl des Kindes erforderlich, dass der Umgang zunächst kontrolliert erfolgt, d.h. durch begleiteten Umgang (§§ 1685 Abs. 3 Satz 1, 1684 Abs. 4 Sätze 3, 4 BGB).

  - Einschränkung nicht unverhältnismäßig: Maßnahme aus den genannten Gründen geeignet, erforderlich und angemessen; bei entsprechendem Verhalten von Eva kann diese Einschränkung jederzeit geändert bzw. abgeschafft werden.

64

- 1 x pro Woche unter Berücksichtigung von Petras Willen erscheint angemessen.
- Genauer Termin muss noch abgestimmt werden.

Ergebnis: Ein entsprechender Rat ist zu erteilen.

3. **Hat Heike einen Anspruch auf Schadensersatz aus § 823 Abs. 1 BGB gegen Petra?**

Absolutes Recht verletzt – Eigentum von Heike: ihr Fahrrad wurde beschädigt.

Rechtswidrig? (+), Tatbestandsmäßigkeit indiziert die Rechtswidrigkeit, keine Anhaltspunkte für Rechtfertigungsgründe.

Verschulden

- Verschuldensfähigkeit, d.h. Verantwortlichkeit nach § 828 Abs. 2, 3 BGB?
  - Eva – 8 Jahre alt; Ausschluss der Verantwortlichkeit nach § 828 Abs. 2 BGB?
  - 7 – 10-jährige Kinder für Schaden nicht verantwortlich, den sie bei einem Unfall mit einem Kraftfahrzeug verursachen; entscheidend – Unfall mit einem Kraftfahrzeug? Hier: Unfall mit nicht motorisierten Fahrzeugen, § 828 Abs. 2 BGB direkt (-)
  - Analoge Anwendung? – (-) da besondere Gefährdungslage bei Unfall mit motorisierten Fahrzeugen
  - Verschuldensfähigkeit, d.h. Verantwortlichkeit nach § 828 Abs. 3 BGB?
  - Eva – die zur Erkenntnis der Verantwortlichkeit erforderliche Einsicht? (Bei Zweifeln wird erforderliche Einsicht im Rahmen des § 828 Abs. 3 BGB vermutet)
  - 8 Jahre grundsätzlich (+)
  - Hatte vorher bereits Skateboard ausprobiert und Eigenarten kennen gelernt
  - Einsicht (+)
- Konkrete Verschuldensform: in Betracht kommt Fahrlässigkeit. § 276 Abs. 2 BGB: fahrlässig handelt, wer die im Verkehr erforderliche Sorgfalt außer Acht lässt.
  - Petra fuhr viel zu schnell, damit hat sie die im Verkehr erforderliche Sorgfalt verletzt.
- Schaden (§ 249 ff. BGB): (+) der Schaden am Fahrrad beträgt 150,-- Euro.

Ergebnis: Anspruch von Heike (+)

Ausformulierte Lösung zur Klausur 5

1. Ist das Jugendamt im Hinblick auf Bennos Anliegen sachlich zuständig?

Die sachliche Zuständigkeit des Jugendamtes für Bennos Anliegen könnte sich aus §§ 85 Abs. 1, 2, 69 Abs. 1, 3 SGB VIII ergeben. Danach ist für Leistungen der örtliche Träger sachlich zuständig, sofern nicht der überörtliche Träger sachlich zuständig ist. Die örtlichen Träger werden nach Landesrecht bestimmt[49] und jeder örtliche Träger errichtet nach § 69 Abs. 1 und 3 SGB VIII zur Wahrnehmung der Aufgaben nach dem SGB VIII ein Jugendamt. Voraussetzung für die Zuständigkeit des Jugendamtes ist zunächst, dass Bennos Anliegen eine Leistung im Sinne des § 2 Abs. 1, 2 SGB VIII betrifft. In Betracht kommt hier die Beratungsleistung des § 18 Abs. 3 Satz 3 SGB VIII. Benno ist der Vater von Petra und hat insofern einen Anspruch auf Beratung und Unterstützung bei der Ausübung des Umgangsrechts; eine Leistung im Sinne von § 2 Abs. 2 Nr. 2 SGB VIII liegt vor. Die Zuständigkeit des überörtlichen Trägers nach § 85 Abs. 2 SGB VIII ist nicht gegeben, keiner der dort genannten Fälle trifft zu.

Ergebnis: Das Jugendamt ist im Hinblick auf Bennos Anliegen sachlich zuständig.

2. Vorausgesetzt das Jugendamt ist sachlich zuständig, welchen Rat wird es Benno erteilen?

Bei der Beratung geht es inhaltlich um die Frage, inwieweit ein Umgangsrecht für Eva besteht und – sofern dies besteht – in welchem Umfang es besteht. Dies richtet sich nach den Regelungen des BGB, konkret nach §§ 1684, 1685 BGB. Da Eva die Schwester von Petra ist, hat sie ein Recht auf Umgang mit Petra nach § 1685 Abs. 1 BGB, wenn dies dem Wohl von Petra dient. Nach § 1626 Abs. 3 Satz 2 BGB dient dem Kindeswohl auch der Umgang mit Personen, zu denen das Kind Bindungen besitzt, wenn die Aufrechterhaltung für seine Entwicklung förderlich ist.[50] Dabei sind alle Umstände zur berücksichtigen. Auftretenden Schwierigkeiten ist ggf. durch geeignete Maßnahmen (z.B. begleiteten Umgang) zu begegnen.

---

49 Vgl. beispielhaft für NRW: gemäß § 1a Abs. 1 1. AG-KJHG NRW sind die Kreise und kreisfreien Städte örtlicher Träger der Jugendhilfe.

50 Vgl. dazu allgemein Palandt/Diederichsen, BGB, § 1626 Rn. 23 m.w.N.; MünchKomm/Huber, BGB, § 1626 Rn. 72, § 1685 Rn. 3: Liegen die Voraussetzungen des § 1626 Abs. 3 Satz 2 BGB vor, ist ein Umgangsrecht von Geschwistern und Großeltern im Rahmen von § 1685 Abs. 1 BGB in der Regel zu bejahen.

Für ein Umgangsrecht von Eva spricht, dass diese in der Vergangenheit viel Zeit mit Petra verbracht hat, sich um die Hausaufgaben kümmerte und für die Mahlzeiten sorgte. Dadurch dürfte sie eine nicht unerhebliche Beziehung zu Petra aufgebaut haben. Da ihre Mutter als Bezugsperson nicht mehr vollständig vorhanden sein dürfte, wäre ein Umgang mit Eva als Schwester förderlich.

Gegen ein Umgangsrecht könnte sprechen, dass Eva selbst mit dem Konsum von Drogen begonnen hat und sich dies schädlich für Petra auswirken könnte. Zwar verspricht Eva, dass sie im Beisein von Petra keine Drogen konsumieren würde, jedoch sind Zweifel diesbezüglich nicht abwegig. Zu berücksichtigen ist ferner, dass Petra mit dem von Benno ausgesprochenen Umgangsverbot einverstanden ist. Dies sollte nicht überbewertet werden, da nicht auszuschließen ist, dass es sich lediglich um eine vorübergehende Haltung handelt. Auch erscheint nicht fern liegend, dass sich Petras Meinung nach entsprechender Beratung verändert und sie wiederum zu einem Umgang mit Eva bereit sein könnte.

Nach Abwägung aller Argumente dürften die für ein Umgangsrecht sprechenden Umstände überwiegen. Eva hat über längere Zeit eine nicht unerhebliche Beziehung und damit Bindungen zu Petra aufgebaut. Insbesondere unter Berücksichtigung der nicht mehr im vollen Umfang vorhandenen Mutter ist die Aufrechterhaltung der Beziehung für die Entwicklung von Petra als förderlich anzusehen. Im Hinblick auf den Drogenkonsum von Eva ist jedoch zu bedenken, dass das Umgangsrecht nach §§ 1685 Abs. 1, 3, 1684 Abs. 1 Satz 1 BGB eingeschränkt werden kann, soweit dies zum Wohl des Kindes erforderlich ist. Ferner muss die Einschränkung dem Grundsatz der Verhältnismäßigkeit entsprechen.[51]

Nicht jeder Drogenkonsum führt zwangsläufig zur Einschränkung des Umgangsrechts unter Kindeswohlgesichtspunkten.[52] Zu berücksichtigen ist, dass Eva verspricht, während der Treffen keine Drogen zu konsumieren und Petra auch keine Angaben darüber zu machen. Dies könnte für die Zulassung eines uneingeschränkten Umgangs sprechen. Jedoch ist Petra zurzeit mit dem Umgangsverbot einverstanden und Eva und Petra haben zunehmend miteinander gestritten. Eva konsumiert außerhalb der Zeiten des geplanten Umgangs Drogen und es scheint nicht gänzlich ausgeschlossen, dass sie sich u.U. in solchen Streitsituationen nicht angemessen unter Kontrolle halten kann. Insgesamt erscheint es nicht unwahrscheinlich, dass sich Eva bei unkontrolliertem Umgang z.B. ihren (für die Zeit des Umgangs faktisch übernommenen) Aufsichtspflichten nicht ausreichend

---

51 Vgl. dazu Rauscher in: Staudinger, BGB, § 1684 Rn. 331; MünchKomm/Finger, BGB, § 1684 Rn. 65.

52 Vgl. allgemein zur Problematik der Einschränkung des Umgangsrechts bei Drogenkonsum Rauscher in: Staudinger, BGB, § 1684 Rn. 331; MünchKomm/Finger, BGB, § 1684 Rn. 65; lesenswert KG, Beschluss v. 30.3.2001, 17 WF 45/01, FamRZ 2002, 412.

nachkommt und sich nicht dem Wohl von Petra entsprechend verhält. Zum Wohl von Petra ist es daher erforderlich, dass der Umgang zunächst kontrolliert erfolgt, d.h. durch begleiteten Umgang gemäß § 1684 Abs. 4 Sätze 3 und 4 BGB. Diese Einschränkung ist auch verhältnismäßig, d.h. aus den zuvor genannten Gründen geeignet, erforderlich und angemessen; bei entsprechendem Verhalten von Eva kann dieses jederzeit verändert bzw. aufgehoben werden.

Unter Einbeziehung des Willens von Petra erscheint zudem 1 Mal pro Woche als angemessen, wobei die konkrete Zeit und der Ort noch näher abgesprochen werden müssen.

Ergebnis: Das Jugendamt wird im Hinblick auf das dem Grunde nach bestehende Umgangsrecht Benno abraten, weiterhin den Umgang von Eva zu Petra kategorisch zu unterbinden; denn sonst könnte nach §§ 1685 Abs. 1, 3, 1684 Abs. 3, 4 BGB das Familiengericht angerufen werden. Das Gericht würde eine den zuvor dargelegten Überlegungen entsprechende Entscheidung treffen. Ratsam ist daher vielmehr eine Vereinbarung mit Eva im oben beschriebenen Umfang.

3. *Hat Heike einen Anspruch auf Schadensersatz aus § 823 Abs. 1 BGB gegen Petra?*

Das im Eigentum von Heike stehende Fahrrad wurde beschädigt, die Verletzung eines absoluten Rechts liegt vor. Die Verletzungshandlung war auch rechtswidrig; die tatbestandliche Begehung indiziert die Rechtswidrigkeit;[53] Anhaltspunkte für Rechtfertigungsgründe liegen nicht vor.

Petra müsste schuldhaft gehandelt haben. Fraglich ist zunächst, ob Petra nach § 828 Abs. 2 BGB überhaupt als verschuldensfähig, d.h. verantwortlich anzusehen ist. Danach sind 7- bis 10-jährige Kinder für den Schaden nicht verantwortlich, den sie bei einem Unfall mit einem Kraftfahrzeug verursachen. Petra fuhr mit einem Skateboard und Heike mit einem Fahrrad; es handelte sich daher nicht um einen Unfall mit einem Kraftfahrzeug. Die direkte Anwendung von § 828 Abs. 2 BGB scheidet damit aus. Fraglich ist, ob eine analoge Anwendung[54] anzunehmen ist. Zweifelhaft erscheint bereits, ob eine unbewußte Regelungslücke gegeben ist. Aus der Entstehungsgeschichte[55] zu § 828 Abs. 2 BGB ist zu entnehmen, dass der Gesetzgeber im Hinblick auf den Entwicklungsstand der Kinder in diesem Alter eine Sonderregelung in Bezug auf den motorisierten Straßenverkehr schaffen wollte. Gerade in diesem Bereich können Kinder in dem Alter die Ge-

---

53   Vgl. Palandt/Sprau, BGB, § 823 Rn. 24 m.w.N.; Jauernig/Teichmann, BGB, § 823 Rn. 48.
54   Vgl. im Allgemeinen zu den Voraussetzungen einer analogen Anwendung: Klunzinger, AT, S. 18; Brox/Walker, AT, Rn. 64 ff.
55   Vgl. BT-Drs. 14/7752, S. 27.

fahren eben noch nicht einschätzen; sie befinden sich insoweit in einer verkehrstypischen Überforderungssituation.[56] Diese Sachlage ist aber bei einem Unfall mit nicht motorisierten Fahrzeugen nicht vergleichbar,[57] denn dieser Verkehr stellt nicht die gleichen (erhöhten) Anforderungen an die Verkehrsteilnehmer. Insofern scheidet eine analoge Anwendung des § 828 Abs. 2 BGB auf die Skateboard fahrende Petra aus.

Zu prüfen bleibt, ob Petra nach § 828 Abs. 3 BGB nicht verschuldensfähig, d.h. nicht verantwortlich ist. Dann dürfte sie bei der Begehung der schädigenden Handlung die zur Erkenntnis der Verantwortlichkeit erforderliche Einsicht nicht gehabt haben. Entscheidend ist, ob das Kind oder der Jugendliche die Gefährlichkeit erkannt hatte und sich über die Folgen seines Tuns bewusst war.[58] In diesem Zusammenhang sind Alter, Eigenart und Entwicklungsstand der Kinder und Jugendlichen, die Vorerfahrungen und die jeweiligen Situation in Erwägung zu ziehen.[59] Alle Umstände des Einzelfalls sind zu berücksichtigen. Zu bedenken ist, dass Petra 8 Jahre alt ist und sich mit den Eigenarten des Skateboardfahrens vertraut gemacht hatte. Insofern wusste sie über die „Tücken" des Skateboardfahrens und auch von ihrem Alter her kann man davon ausgehen, dass sie über die nötige Erkenntnis der Folgen eines zu schnellen Fahrens verfügt. Demzufolge fehlte Petra die erforderliche Einsicht nicht. Petra war also verantwortlich.

Hinsichtlich der konkreten Verschuldensform kommt Fahrlässigkeit in Betracht. Fahrlässig handelt nach § 276 Abs. 2 BGB, wer die im Verkehr erforderliche Sorgfalt außer Acht lässt. Petra fuhr viel zu schnell Skateboard und verlor die Kontrolle über das Board und fuhr damit nicht mit der hier erforderlichen Sorgfalt.

Sie hat einen Schaden in Höhe von 150,– Euro verursacht und Heike kann gemäß § 249 Abs. 1, 2 BGB diesen Geldbetrag von Petra verlangen.

Ergebnis: Heike hat gegen Petra einen Anspruch auf Zahlung von 150,– Euro aus § 823 Abs. 1 BGB.

---

56 Vgl. BT-Drs. 14/7752, S. 27; BGH, Urteil vom 30.11.2004, VI ZR 335/03, NJW 2005, 354, 356.
57 So auch Palandt/Sprau, BGB, § 828 Rn. 3; Jauernig/Teichmann, BGB, § 828 Rn. 2.
58 Vgl. Palandt/Sprau, BGB, § 828 Rn. 6; vgl. auch Jauernig/Teichmann, BGB, § 828 Rn. 3.
59 Vgl. Palandt/Sprau, BGB, § 828 Rn. 6.

Klausur 6 „Der sportbegeisterte Filius"

Peter und Susanne sind seit 10 Jahren verheiratet und Eltern des 9-jährigen Alfons. Susanne arbeitete als Sozialarbeiterin erfolgreich in der Kindertagesstätte einer katholischen Kirchengemeinde in Köln und Peter führte den Haushalt und kümmerte sich um die Erziehung von Alfons. Vor drei Jahren wurde Susanne aufgrund einer betriebsbedingten Kündigung arbeitslos und seitdem kriselte es in der Ehe der beiden. Als Susanne begann, verstärkt Alkohol zu konsumieren, „platzte Peter der Kragen": Vor zwei Jahren erklärte er Susanne, „er wolle nicht mehr mit ihr verheiratet sein"; und zog mit Alfons aus der gemeinsamen Wohnung aus. Beide bezogen eine 3-Zimmerwohnung im Kölner Norden. Peter und Susanne einigten sich, dass Susanne mit Alfons jedes 2. Wochenende und jeden Mittwochnachmittag verbringen darf. Vor einem Jahr wurde auf Betreiben von Peter ihm das alleinige Sorgerecht über Alfons durch Beschluss des zuständigen Familiengerichts in Köln übertragen.

1. Peter und Alfons sind wahnsinnig sportbegeistert. Sie interessieren sich für nahezu jede Sportart. Alfons machte seinem Vater seit einiger Zeit Probleme: Seine Leistungen in der 3. Klasse der Grundschule nahmen rapide ab, seine Konzentrationsfähigkeit ist seit mehreren Wochen „nahezu zum Erliegen gekommen". Die Klassenlehrerin versuchte bisher vergeblich, mit „gutem Zureden", verstärkter Einbindung von Alfons in das Unterrichtsgeschehen und Sanktionen für völlig unangepasstes Verhalten (Nachsitzen, 1 Woche Tafelreinigungsdienst) Alfons zu einer Verhaltensänderung zu bewegen. Auf ihr Anraten wurde Alfons vom schulpsychologischen Dienst untersucht. Dieser attestierte, dass die kaum noch vorhandene Konzentrationsfähigkeit auf einen hohen Fernsehkonsum von Alfons zurückzuführen ist. Die Klassenlehrerin führte darauf vor zwei Monaten ein Gespräch mit Peter. Dieser räumte ein, dass Alfons seit einiger Zeit nahezu jedes Sportereignis vor dem Fernsehapparat verfolge: Skirennen, Tennisturniere, Radsport, Formel 1 Rennen sowie zahlreiche Fußballspiele der 1. Bundesliga. Dies führe dazu, dass Alfons jeden Tag mindestens 4, häufig aber 6 und mehr Stunden – überwiegend bis spät in den Abend – vor dem eingeschalteten Fernseher sitze. Er (Peter) halte dies auch für die Entwicklung seines Sohnes für unerlässlich: Al-

fons strebe – was dieser auf Nachfrage bestätigt – eine Sportkarriere an; nur wisse er noch nicht, in welcher Sportart. Deshalb müsse er sich in „allen Sportarten auf dem Laufenden halten, das mit dem Abfall der schulischen Leistungen werde sich mit der Zeit schon geben". Im Übrigen müsse die Lehrerin damit rechnen, dass während des bevorstehenden Fußball-Weltturniers „die Unkonzentriertheit von Alfons noch zunehme". Die Lehrerin wandte sich darauf noch vor dem Fußball-Weltturnier, d.h. vor drei Wochen, an das örtlich zuständige Jugendamt in Köln, mit der Bitte, „in diesem Fall zum Wohle von Alfons etwas zu unternehmen". Erika, die dort als Sozialarbeiterin tätig ist und vor kurzem ihr Studium erfolgreich beendet hat, versuchte, Peter zu einer Stellungnahme zu bewegen. Gestern ging ein Schreiben bei ihr ein, in dem Peter darum bat, vom Jugendamt in Ruhe gelassen zu werden; das Weltturnier sei ein voller Erfolg gewesen, sein Sohn und er hätten fast jedes Spiel am Fernsehen mitverfolgt, nun seien noch 2 Wochen „Pause" und dann müsse er sich mit seinem Sohn „voll auf das nächste Sportgroßereignis" konzentrieren. Erika überlegt:

Welche weiteren Schritte sollten im Hinblick auf Alfons unternommen werden? (Hinweise: Gehen Sie bitte von der Zuständigkeit des Jugendamtes aus. Angaben dazu und zu konkreten Hilfearten im Sinne der §§ 27 Abs. 2, 28–35 SGB VIII sind nicht zu machen.)

2. Alfons erzählte Peter immer häufiger, dass Susanne bei seinen Treffen häufig „betrunken, benebelt und nicht klar im Kopf sei". Eigentlich wolle er gar nicht mehr zu Susanne. Peter rief darauf Susanne an und erklärte: „Im Hinblick auf Susannes Trunksucht werde Alfons ab sofort nicht mehr zu ihr kommen". Susanne reagierte schockiert und erklärte, sie versuche ja bereits, ihre Probleme in den Griff zu bekommen, dies benötige aber Zeit. Sie wolle aber die Beziehung zu Alfons weiterführen und Alfons habe auch ein Recht darauf. Peter blieb jedoch bei seiner Haltung und verbot Susanne jeglichen Kontakt mit Alfons. Susanne wendete sich an Sie, die Sie in der Familienberatungsstelle tätig sind, und fragte,

ob sie ein Recht hat, Alfons weiter in dem bisherigen Umfang (jedes 2. Wochenende und am Mittwochnachmittag) oder mehr oder weniger zu sehen? (Hinweis: Begründen Sie Ihre Antworten an Hand der einschlägigen Vorschriften. Gehen Sie bitte davon aus, dass alle Angaben im Sachverhalt zutreffen, etwaige weitere Ermittlungen ergeben keine neuen Erkenntnisse.)

Gliederung zur Klausurlösung 6

Themengebiete: Schutzauftrag bei Kindeswohlgefährdung gemäß §§ 8a Abs. 1, 3 SGB VIII, Umgangsrecht

1. **Erika überlegt: Welche weiteren Schritte sollten im Hinblick auf Alfons unternommen werden? (Hinweise: Gehen Sie bitte von der Zuständigkeit des Jugendamtes aus. Angaben dazu und zu konkreten Hilfearten im Sinne der §§ 27 Abs. 2, 28 – 35 SGB VIII sind <u>nicht</u> zu machen.)**

   § 27 Abs. 1 SGB VIII – Voraussetzungen?

   – Ist eine dem Wohl von Alfons entsprechende Erziehung durch Peter nicht gewährleistet?

      – Erziehungsdefizite, die nicht durch die Personensorgeberechtigten beseitigt werden?

      – Zulassen und Begünstigen von erheblichem, täglich wiederkehrendem Fernsehkonsum, der sich auf die Konzentrationsfähigkeit auswirkt.

      – Keine Ansätze erkennbar, dass Peter dagegen geeignete Erziehungsmaßnahmen (z.B. Reduktion des Fernsehkonsums auf ein altersgemäßes Maß; Gespräche mit Alfons über sein Verhalten) ergreift.

      – Also: (+)

   – Antrag des Personensorgeberechtigten – Peter? (-), also §§ 27 Abs. 1 ff. SGB VIII (-)

   § 8a Abs. 1 SGB VIII? – Voraussetzungen?

   – Gewichtige Anhaltspunkte für die Gefährdung des Wohls von Alfons? – erforderlich: schwere und erhebliche Schädigung des Kindes ist mit ziemlicher Sicherheit voraussehbar.

      – Gefahr für körperliches und geistiges Wohl durch Abnahme der Konzentrationsfähigkeit aufgrund umfangreichen und nachhaltigen Fernsehkonsums; die Konzentrationsfähigkeit ist „nahezu zum Erliegen gekommen"; insofern liegt bereits eine Gefährdung vor.

      – Gefahr für geistiges Wohl: seit einiger Zeit nahmen seine Leistungen in der dritten Klasse rapide ab, also (+).

      – Ist schwere und erhebliche Schädigung von Alfons mit ziemlicher Sicherheit voraussehbar?

      – In Betracht kommt, dass aufgrund der „nahezu zum Erliegen gekommenen Konzentrationsfähigkeit" die Leistungsfähigkeit in der Schule weiter erheblich abnimmt. Die weitere schulische Entwicklung ist also in Gefahr; jedoch ist fraglich, ob dies als schwere und erhebliche Schädigung von Alfons angesehen werden kann und ob dies mit ziemlicher Sicherheit voraussehbar ist.

      – Zu bedenken: „Einlenken" von Peter nach direkter Kontaktaufnahme mit dem Jugendamt erscheint nicht abwegig; d.h. dadurch könnte mögliche Schädigung verhindert werden (Argumente).

– Also: Gefahr für Wohl von Alfons im Sinne von § 8a Abs. 1 SGB VIII (-)

Konsequenz: direkte Kontaktaufnahme und Gesprächsangebot im Rahmen von § 36 Abs. 1 SGB VIII über Erziehung von Alfons

Ergebnis: §§ 27 Abs. 1, 8a Abs. 1 SGB VIII (-), Erneute Anstrengung durch Jugendamt: Angebot an Peter, ihn über Erziehung von Alfons zu beraten.

2. **Susanne wendete sich an Sie, die Sie in der Familienberatungsstelle tätig sind, und fragte, ob sie ein Recht hat, Alfons weiter in dem bisherigen Umfang (jedes 2. Wochenende und am Mittwochnachmittag) oder mehr oder weniger zu sehen?**
   § 1684 Abs. 1 BGB
   – Verpflichtung und Berechtigung eines jeden Elternteils zum Umgang mit dem Kind.
   – Also: Umgangsrecht Susanne (+), aber Ausgestaltung dieses Rechts?
      – Für Beibehaltung der bisherigen Regelung: Susanne – Mutter von Alfons und ihr Wille, den Umgang und die Beziehung zu Alfons unvermindert weiterzuführen.
      – Gegen die Beibehaltung der bisherigen Regelung: Alfons möchte gar nicht mehr zu Susanne. Alkoholproblem von Susanne
      – Abwägung unter Einbezug aller Umstände: Verweigerung jeglichen Umgangs – unangemessen.
      – Gemäß § 1684 Abs. 4 Satz 1 BGB Einschränkung des Umgangsrechts (z.B. durch Anordnung begleiteten Umgangs gemäß §1684 Abs. 4 Sätze 3, 4 BGB) möglich, soweit dies zum Wohle des Kindes erforderlich ist, auch zu beachten: Grundsatz der Verhältnismäßigkeit
      – Dass Susanne bei Treffen häufig „betrunken, benebelt und nicht klar im Kopf war" – kein dem Kindeswohl entsprechendes Verhalten. Nahe liegend, dass sie ihre beim Treffen faktisch übernommene Aufsichtspflicht nicht entsprechend wahrnimmt.
      – Daher: zum Wohle von Alfons zunächst kontrollierter Umgang, d.h. begleiteter Umgang, § 1684 Abs. 4 Satz 3 BGB; Maßnahme verhältnismäßig, d.h. geeignet, erforderlich und angemessen.
      – Häufigkeit problematisch: angemessener 1 x pro Woche; mangels dagegen sprechender Argumente kann der Mittwochnachmittag beibehalten werden.
   Ergebnis: begleiteter Umgang 1 x pro Woche am Mittwochnachmittag

Ausformulierte Lösung zur Klausur 6

1. Erika überlegt: Welche weiteren Schritte sollten im Hinblick auf Alfons unternommen werden? (Hinweise: Gehen Sie bitte von der Zuständigkeit des Jugendamtes aus. Angaben dazu und zu konkreten Hilfearten im Sinne der §§ 27 Abs. 2, 28 – 35 SGB VIII sind nicht zu machen.)

In Betracht kommt die Gewährung einer Hilfe zur Erziehung nach § 27 Abs. 1 SGB VIII. Dies setzt voraus, dass eine dem Wohl von Alfons entsprechende Erziehung durch seinen Personensorgeberechtigten (d.h. seinen Vater Peter, der über das alleinige Sorgerecht verfügt) nicht gewährleistet ist. Die Erziehung ist nicht gewährleistet, wenn Erziehungsdefizite vorliegen, aufgrund derer infolge erzieherischen Nichthandelns (oder unangemessenen Handelns) der Personenberechtigten eine Fehlentwicklung, ein Rückstand oder Stillstand der Persönlichkeitsentwicklung des Kindes oder Jugendlichen eingetreten ist oder einzutreten droht.[60] Als Erziehungsdefizit kommt das Zulassen und Begünstigen von erheblichem, täglich wiederkehrenden Fernsehkonsum in Betracht, der sich auf die Konzentrationsfähigkeit auswirkt. Die Konzentrationsfähigkeit ist über einen längeren Zeitraum bereits zum Erliegen gekommen. Eine dem Wohl des Kindes entsprechende Erziehung würde den Fernsehkonsum nur in einem (altersgerechten) Maße zulassen, welches nicht zu einer derartigen Beeinträchtigung der Konzentrationsfähigkeit führen würde.

Da auch keine Ansätze erkennbar sind, dass Peter Maßnahmen zur Beseitigung des festgestellten Erziehungsdefizits unternimmt, liegt diese Voraussetzung vor; eine dem Wohl von Alfons entsprechende Erziehung ist nicht gewährleistet.

Nötig ist ferner ein Antrag[61] des Personensorgeberechtigten, d.h. hier von Peter. Dieser verneint ausdrücklich jede Bereitschaft zur Mitwirkung und insofern kann nicht davon ausgegangen werden, dass Peter einen Antrag im Sinne von § 27 SGB VIII stellen wird. Daher scheidet die Gewährung einer Hilfe im Rahmen von § 27 ff. SGB VIII gegenwärtig aus.

Zu prüfen bleibt, ob das Jugendamt nach § 8a Abs. 1 SGB VIII tätig werden und ggf. nach § 8a Abs. 3 SGB VIII das Familiengericht einschalten muss. Zunächst müssten gewichtige Anhaltspunkte für die Gefährdung des Wohls von Alfons (gemeint ist das körperliche, geistige oder seelische Wohl im Sinne von § 1666 Abs. 1 BGB[62]) vorliegen. Eine Kindeswohlgefährdung im Sinne dieser Vorschrift liegt vor, wenn eine gegenwärtige oder zumindest unmittelbar bevor-

---

60 Vgl. Wiesner, SGB VIII, § 27 Rn. 23.
61 Vgl. zum Erfordernis eines Antrags bei § 27 Abs. 1 SGB VIII bereits oben Fußnote 32.
62 Vgl. dazu allgemein bereits oben Fußnote 38.

stehende Gefahr für die Kindesentwicklung abzusehen ist, die bei Fortdauer eine erhebliche Schädigung des körperlichen, geistigen oder seelischen Wohls des Kindes mit ziemlicher Sicherheit voraussehen lässt.[63] Eine Gefahr für das körperliche und geistige Wohl durch Abnahme der Konzentrationsfähigkeit aufgrund umfangreichen und nachhaltigen Fernsehkonsums liegt vor, denn die Konzentrationsfähigkeit ist „nahezu zum Erliegen gekommen". Da seit einiger Zeit die Leistungen von Alfons in der dritten Klasse rapide abgenommen haben, ist auch unter diesem Gesichtspunkt sein geistiges Wohl bedroht.

Problematisch erscheint jedoch, ob eine schwere und erhebliche Schädigung von Alfons mit ziemlicher Sicherheit voraussehbar ist. Dies könnte in Betracht gezogen werden, weil aufgrund der „nahezu zum Erliegen gekommenen" Konzentrationsfähigkeit die Leistungsfähigkeit weiter erheblich abnehmen könnte. Die weitere schulische Entwicklung ist also in Gefahr; jedoch ist fraglich, ob dies als schwere und erhebliche Schädigung von Alfons angesehen werden kann und ob dies mit ziemlicher Sicherheit voraussehbar ist.

Dies wäre nicht der Fall, wenn Peter sich nach einer unmittelbaren und direkten Kontaktaufnahme durch das Jugendamt im Hinblick auf nötige Hilfen zur Erziehung kooperativ zeigen würde. Gegen eine unmittelbare und direkte Kontaktaufnahme könnte sprechen, dass Peter ausdrücklich darum gebeten hatte, im Hinblick auf das nächste große Sportereignis vom Jugendamt in Ruhe gelassen zu werden. Jedoch kann daraus noch nicht mit der nötigen Sicherheit geschlossen werden, dass Peter überhaupt nicht zu einem Beratungsgespräch bereit wäre. Hintergrund für Peters Verhalten könnte sein, dass Peter, der in der Euphorie der Sportereignisse lebt und denkt, vom Gefühl bestimmt wird, Alfons zutreffend zu erziehen. Die gegenteilige Auffassung des Jugendamtes wurde ihm bisher nicht erläutert. Insbesondere wurde er bisher nicht auf die Folgen hingewiesen, die sich ergeben können, wenn Peter sich weiterhin nicht mitwirkungsbereit verhält. Daher erscheint nicht unwahrscheinlich, eher nahe liegend, dass Peter sich bei einer direkten Kontaktaufnahme durch das Jugendamt (z.B. im Rahmen eines Hausbesuches) zur nötigen Mitwirkung bereit erklären wird. Insofern kann zu diesem Zeitpunkt nicht eindeutig festgestellt werden, dass eine schwere und erhebliche Schädigung von Alfons mit ziemlicher Sicherheit voraussehbar ist. Eine Gefahr für das Wohl von Alfons im Sinne von § 8a Abs. 1 SGB VIII liegt damit nicht vor.

Als Konsequenz aus dem zuvor Erörterten ergibt sich, dass das Jugendamt im Rahmen von § 36 Abs. 1 SGB VIII Kontakt mit Peter aufnehmen und ihm in ei-

---

63 Vgl. MünchKomm/Olzen, BGB, § 1666 Rn. 50; BGH, Beschluss vom 14.7.1956 – IV ZB 32/56, FamRZ 1956, 350.

nem direkten Gespräch anbieten muss, ihn in Bezug auf die Erziehung von Alfons, d.h. insbesondere in Bezug auf den zu den Konzentrationsschwierigkeiten führenden übermäßigen Fernsehkonsum zu beraten. Damit könnte eine weitere Verschlechterung der Situation vermieden werden, die dann zu Maßnahmen nach § 8a SGB VIII führen könnte.

Ergebnis: Die Voraussetzungen der §§ 27, 8a Abs. 1 SGB VIII liegen derzeit nicht vor; Erika muss in einem nächsten Schritt versuchen, Peter im Rahmen einer direkten Kontaktaufnahme anzubieten, ihn über die Erziehung von Alfons zu beraten.

2. *Susanne wendete sich an Sie, die Sie in der Familienberatungsstelle tätig sind und fragte, ob sie ein Recht hat, Alfons weiter in dem bisherigen Umfang (jedes 2. Wochenende und am Mittwochnachmittag) oder mehr oder weniger zu sehen?*

Anspruchsgrundlage für das von Susanne geltend gemachte Umgangsrecht ist § 1684 Abs. 1 BGB. Danach ist jeder Elternteil zum Umgang mit dem Kind berechtigt und verpflichtet.[64] Susanne ist die Mutter von Alfons und insofern besteht grundsätzlich ein Umgangsrecht für Susanne. Fraglich ist nur, ob das Umgangsrecht in der von ihr beantragten Weise ausgestaltet werden sollte. Ein Umgangsrecht bedeutet im Regelfall keinen Anspruch auf eine konkrete Umgangsregelung, diese sollte zwischen den Beteiligten einvernehmlich ausgehandelt und muss im Falle der Nichteinigung unter Berücksichtigung aller relevanten Umstände des Einzelfalls vom Familiengericht festgelegt werden.[65]

Für die von Susanne angestrebte Beibehaltung der bisherigen Umgangsregelung spricht, dass sie als Mutter die Beziehung von Alfons weiterführen möchte. Der bisher aufgebaute relativ intensive Umgang dürfte zu gefestigten Bindungen geführt haben. Gegen die Beibehaltung der bisherigen Regelung spricht zunächst, dass Alfons eigentlich gar nicht mehr zu Susanne möchte. Der Wille von Alfons muss im Rahmen des § 8 SGB VIII berücksichtigt werden, jedoch sollte in diesem Alter der Wunsch, die Mutter gar nicht mehr zu sehen, nicht als unveränderlich angesehen werden. Dieser Wille steht unter dem Eindruck der Vergangenheit (d.h. dem Umgang mit Susanne im alkoholisierten Zustand). Bei entsprechend verändertem (angenehm gestaltetem) Zusammensein dürfte sich Alfons Wille auch entsprechend verändern.

---

64 Vgl. Palandt/Diederichsen, BGB, § 1684 Rn. 2 ff. m.w.N..

65 Jauernig/Berger, BGB, §§ 1684, 1685 Rn. 8; MünchKomm/Finger, BGB, § 1684 Rn. 13 f., 19; Schwab, FamR, Rn. 761 ff.

Gemäß § 1684 Abs. 4 Satz 1 BGB kann das Umgangsrecht eingeschränkt werden, soweit dies zum Wohl des Kindes erforderlich ist. Dass Susanne bei den Treffen häufig alkoholisiert[66] gewesen ist, stellt kein dem Kindeswohl entsprechendes Verhalten dar. Insbesondere besteht die Gefahr, dass sie bei den Treffen ihre faktisch übernommene Aufsichtspflicht nicht ausreichend wahrnimmt. Insofern erscheint es zum Wohle von Alfons erforderlich, den Umgang zunächst zur kontrolliert, d.h. in Form des begleiteten Umgangs gemäß § 1684 Abs. 4 Sätze 3 und 4 BGB zu ermöglichen. Diese Maßnahme, die sicher stellt, dass sich die mit dem Alkoholkonsum verbundenen Gefahren bei der Durchführung des Umgangs nicht realisieren, erscheint mit Blick auf das zuvor Erörterte auch verhältnismäßig, d.h. geeignet, erforderlich und angemessen; bei geändertem Verhalten von Susanne kann diese Einschränkung jederzeit geändert bzw. aufgehoben werden.

Die Häufigkeit erscheint in dieser Situation jedoch problematisch, angemessener erscheint vielmehr eine Regelung 1 Mal pro Woche. Mangels gegenteiliger Anhaltspunkte kann der Mittwochnachmittag beibehalten werden.

Ergebnis: Susanne kann Alfons im Hinblick auf die Alkoholprobleme künftig begleitet ein Mal pro Woche am Mittwochnachmittag sehen.

---

66 Vgl. allgemein zur Problematik der Einschränkung des Umgangsrechts bei Alkoholsucht Rauscher in: Staudinger, BGB, § 1684 Rn. 331; MünchKomm/Finger, BGB, § 1684 Rn. 65; lesenswert KG, Beschluss v. 30.3.2001, 17 WF 45/01, FamRZ 2002, 412

Klausur 7: „Gabi, Robert sowie Susi"

1. Gabi und Robert sind glücklich verheiratet und Eltern des 11-jährigen Georg, der 5-jährigen Maria, der 4-jährigen Marga und der 3-jährigen Anne. Mit der Erziehung ihrer Kinder will es aber nicht so richtig klappen: Insbesondere Georg ist ständig ungehorsam und gibt „Widerworte". Sowohl Gabi als auch Robert schreien daher häufig Georg an, worauf dieser mit steigender Aggressivität reagiert. Auch streiten Gabi und Robert häufig im Beisein der Kinder um die „richtige Erziehung". In der Vergangenheit suchten beide daher mehrfach eine Erziehungsberatungsstelle auf. Anschließend versuchten sie, die Hinweise der Beraterin umzusetzen. Dies blieb jedoch ohne Erfolg, denn Georgs Verhalten änderte sich nicht. Ein Grund für die Problematik – so meinen Gabi und Robert – ist wohl auch, dass Robert aufgrund steigender Anforderungen in seinem Beruf als Computerprogrammierer kaum noch Zeit für die Kinder hat. Aus finanziellen Gründen hat auch Gabi ihre Stelle als Arzthelferin halbtags wieder angenommen. Nachmittags kümmert sie sich in erster Linie um „die Kleinen", d.h. Maria, Marga und Anne, die vormittags die nahe gelegene Kindertagesstätte besuchen. Gabi beschreibt die Mädchen als sehr anstrengend und fühlt sich häufig überfordert. Auch die Erzieherinnen beschreiben sie als „zeitweilig sehr auffällig". Geld für die Einstellung einer Haushaltshilfe, die sich auch um die Kinder kümmern könnte, ist aufgrund der gestiegenen Aufwendung für die jährliche Pauschalurlaubsreise in den Süden Europas nicht vorhanden. Angehörige wohnen zu weit entfernt, so dass diese bei der Betreuung bzw. Erziehung der Kinder nicht mitwirken können. Weder Tagesstättenplätze für die Mädchen noch ein Hortplatz für Georg sind derzeit verfügbar. Georg ist häufig auf sich selbst gestellt. Seine schulischen Leistungen gaben bisher keinen Grund zur Beanstandung.

    Vor drei Wochen kam es zu einigen Zwischenfällen: Die Erzieherinnen von Maria, Marga und Anne stellten wiederholt fest, dass die Mädchen hungrig ohne Schulbrot und mit der Jahreszeit unangepasster Kleidung, die zudem sehr unangenehm nach Urin roch, zur Kindertagesstätte erschienen. Darauf angesprochen erklärte Gabi, sie würde sich wirklich viel Mühe geben, aber „sie könne nicht verhindern, dass ihr schon einmal das Waschen durchginge". In der Schule kam es zu einem ernsteren Vorfall. Georg schlug im Rahmen eines Streites einen Mitschüler mit der Faust so heftig ins Gesicht, dass der Mitschüler ärztlich behandelt werden musste. Darauf hat die Schule die Anwendung von Ordnungsmaßnahmen angedroht.

Gabi und Robert sind nun ernsthaft besorgt. Die Lehrerin von Georg empfahl eine Kontaktaufnahme mit dem örtlichen Jugendamt. Dort sind Sie als Sozialarbeiterin tätig und werden nun von Gabi und Robert um Hilfe gebeten. Dabei betonen beide, dass sie es „gut vorhätten" und dass die Familie für sie „sehr wichtig" sei und bleiben müsse. Sie stellen sich folgende Frage:

Liegen die materiellen Voraussetzungen für eine Hilfe zur Erziehung (ggf. welche Hilfeform) vor?

2. Die 17-jährige allein stehende Susi hat in Köln einen gesunden Jungen zur Welt gebracht und ihn Heini genannt. Als Vater des Kindes kommt Marco in Betracht, der Susi schon seit längerer Zeit verlassen hat. Er hat gegenüber Susi bisher jegliches Gespräch über Vaterschaft, Unterhalt u.ä. abgelehnt. Einige Tage später meldete sich Anita, die Soziale Arbeit studiert hat und bei dem Jugendamt der Stadt Köln arbeitet, bei Susi und erklärte, „im Hinblick auf die Vormundschaft für Heini müssten ein paar Fragen geklärt werden". Susi war über diesen Anruf überrascht und meinte, „sie habe doch das Sorgerecht und wisse gar nicht, was das Jugendamt nun wolle." Sie fragte bei Anita nach:

Besteht eine Vormundschaft gegenüber Heini und – ggf. – wer ist der Vormund?

(Hinweis: Begründen Sie Ihre Antworten an Hand der einschlägigen Vorschriften. Gehen Sie bitte davon aus, dass alle Angaben im Sachverhalt zutreffen, etwaige weitere Ermittlungen ergeben keine neuen Erkenntnisse.)

Gliederung zur Klausurlösung 7

Themengebiete: Hilfe zur Erziehung, Amtsvormundschaft nach § 1791c BGB

1. **Liegen die materiellen Voraussetzungen für eine Hilfe zur Erziehung vor?**

   § 27 Abs. 1 SGB VIII – Voraussetzungen?

   – Eine dem Wohl des Kindes oder Jugendlichen entsprechende Erziehung ist nicht gewährleistet?

      – Erziehungsdefizite, die durch die Personensorgeberechtigte nicht beseitigt werden?

      – Hier: Mädchen zeitweilig sehr auffällig; werden hungrig ohne Schulbrot und mit der Jahreszeit unangepasster Kleidung, die zudem unangenehm nach

Urin riecht, in die Kindertagesstätte geschickt; Eltern streiten im Beisein der Kinder, schreien Georg an; dessen Verhalten wird immer aggressiver.

- Eltern haben kaum noch Zeit für die Kinder; zweifelhaft, ob überhaupt nötige Erziehung stattfindet.

- Antrag von Gabi und Robert?

  - Ausdrücklich (-), aber: ernsthaft besorgt und bitten Jugendamt um Hilfe; nötige Kooperationsbereitschaft (+)

- Hilfe ist für die Entwicklung der Kinder geeignet und notwendig?

  - Notwendig, da keine anderen Hilfsangebote bzw. Hilfspersonen ersichtlich und Intervention zur Abwendung weiterer Verstärkung der Erziehungsdefizite nötig

  - Geeignetheit: Unverhältnismäßig Hilfeangebot nach §§ 33, 34 SGB VIII, da Lösung innerhalb der Familie noch möglich erscheint.

  - Erziehungsberatung (§ 28 SGB VIII) (-), denn wurde bereits mehrfach ohne Erfolg versucht.

  - Soziale Gruppenarbeit, § 29 SGB VIII (-), Verhaltensprobleme im Sinne dieses Hilfeangebotes wie z.B. delinquentes oder nachhaltiges aggressives Verhalten usw. liegen nicht vor.

  - Ursächlich für Erziehungsprobleme: Verhalten der Eltern (Anschreien, streiten, häufige Abwesenheit), also erforderlich möglichst häufige und regelmäßige Präsens des Helfenden in der Familie.

  - Insofern sozialpädagogische Familienhilfe, die durch intensive Begleitung Familien in ihren Erziehungsaufgaben unterstützen soll. Gabi und Robert sind aufgrund der vier Kinder und der persönlichen Situation überfordert und ohne intensive Hilfe zur angemessenen Erziehung nicht in der Lage.

  - Erziehungsbeistand, Betreuungshelfer, § 30 SGB VIII, und Erziehung in einer Tagesgruppe, § 32 SGB VIII, erscheinen neben einer sozialpädagogischen Familienhilfe als nicht erforderlich.

Ergebnis: nach § 27 Abs. 1, 31 SGB VIII Hilfe zur Erziehung in Form der sozialpädagogischen Familienhilfe (+)

2. **Besteht eine Vormundschaft gegenüber Heini und – ggf. – wer ist der Vormund?**

   Gesetzliche Amtsvormundschaft nach § 1791c Abs. 1 BGB – Voraussetzungen?

   - Mit der Geburt eines Kindes – Heini ist geboren.

   - Dessen Eltern nicht miteinander verheiratet sind – hier (+)

   - Und das eines Vormunds bedarf? – § 1773 Abs. 1 BGB – Voraussetzungen?

     - Ein Minderjähriger (d.h. Heini) erhält einen Vormund, wenn er nicht unter elterlicher Sorge steht (= 1. Alternative) oder wenn die Eltern weder in den die

Person noch in den das Vermögen betreffenden Angelegenheiten zur Vertretung des Minderjährigen berechtigt sind (= 2. Alternative).

- Elterliche Sorge nach § 1626a Abs. 2 BGB bei Susi (1. Alternative also (-)).
- Aber: § 1673 Abs. 2 BGB: Susi nach §§ 2, 106 BGB in der Geschäftsfähigkeit beschränkt und damit ruht elterliche Sorge.
- § 1675 BGB: Susi nicht berechtigt, die elterliche Sorge auszuüben.
- Also: Susi weder bezüglich Person noch Vermögen zur Vertretung berechtigt (2. Alternative also (+))
- Zwischenergebnis: Heini bedarf eines Vormunds (+).
- Gewöhnlicher Aufenthalt von Heini im Geltungsbereich des Gesetzes
- Kein Vormund vor der Geburt.

Ergebnis: Das Jugendamt ist (gesetzlicher Amts-)Vormund über Heini.

Ausformulierte Lösung zur Klausur 7

1. Liegen die materiellen Voraussetzungen für eine Hilfe zur Erziehung (ggf. welche Hilfeform) vor?

§ 27 Abs. 1 SGB VIII setzt zunächst voraus, dass eine dem Wohl des Kindes oder Jugendlichen entsprechende Erziehung nicht gewährleistet ist. Dies ist der Fall, wenn Erziehungsdefizite festzustellen sind, die von den Personensorgeberechtigten (nach §§ 1626, 1626a BGB Gabi und Robert) nicht beseitigt werden.[67] Eine angemessene altersgerechte Erziehung würde dafür sorgen, dass Kinder ausreichend ernährt werden und der Jahreszeit entsprechende und angemessene Kleidung tragen. Dies ist nicht gewährleistet; ein Erziehungsdefizit liegt bereits insofern vor. Zudem würde eine angemessene Erziehung Streit zwischen den Erziehern in Anwesenheit der Kinder vermeiden; auch daran fehlt es; insgesamt sind Erziehungsdefizite gegeben. Gabi und Robert haben aufgrund ihrer beruflichen Situation kaum noch Zeit für die Kinder und offenbaren nicht zuletzt durch den „Hilferuf an das Jugendamt", dass sie nicht in der Lage sind, die Erziehungsdefizite auszuräumen. Insgesamt ist daher eine dem Wohl der Kinder entsprechende Erziehung nicht gewährleistet; diese Voraussetzung liegt vor.

Hilfe zur Erziehung nach § 27 ff. SGB VIII setzt ferner einen Antrag[68] von Gabi und Robert voraus. Ein solcher Antrag liegt zwar nicht ausdrücklich vor, je-

---

67 Vgl. dazu allgemein: Kunkel in: LPK-SGB VIII, § 27 Rn. 2 ff. m.w.N.; Tammen/Trenczek in: FK-SGB VIII, § 27 Rn. 7.
68 Zur Frage, ob § 27 SGB VIII einen Antrag erfordert, vgl. bereits oben Fußnote 32.

doch ist davon auszugehen, dass Gabi und Robert einen derartigen Antrag stellen werden. Sie bitten um Hilfe und insofern ist von der nötigen Kooperationsbereitschaft auszugehen. Weiterhin müsste die Hilfe für die Entwicklung der Kinder geeignet und notwendig sein. Da zurzeit keine weiteren Hilfeangebote ersichtlich sind, erscheint eine Intervention zur Abwendung weiterer Verstärkung der Erziehungsdefizite als notwendig.

Unter dem Gesichtspunkt der Geeignetheit ist zu prüfen, welche Hilfeart nach §§ 27 Abs. 2, 28–35 SGB VIII in Betracht kommt. Im Hinblick darauf, dass Gabi und Robert selbst eine Lösung der Probleme innerhalb des Familiengefüges anstreben, erscheint eine solche Lösung unter Hinzuziehung geeigneter Hilfen als nicht unmöglich. Insofern können die Hilfeangebote nach §§ 33 und 34 SGB VIII nicht als geeignete Hilfeform angenommen werden.

Bloße Erziehungsberatung nach § 28 SGB VIII erscheint nicht als geeignete Hilfeform, denn diese ist bereits mehrfach erfolglos versucht worden. Auch die soziale Gruppenarbeit gemäß § 29 SGB VIII ist nicht passend, weil hier relevante Verhaltensprobleme wie delinquentes und nachhaltiges aggressives Verhalten[69] bei den Kindern nicht gegeben sind; das Verhalten von Georg in der Schule (d.h. der Faustschlag ins Gesicht) stellt einen bisher einmaligen Vorfall dar, dem nicht direkt mit einer sozialen Gruppenarbeit begegnet werden muss. Da die Probleme mit dem Verhalten der Eltern (Anschreien der Kinder, Streiten in Anwesenheit der Kinder sowie häufige Abwesenheit) verbunden sind, erscheint eine möglichst häufige und regelmäßige Präsens des Helfenden in der Familie erforderlich. Insofern kommt die sozialpädagogische Familienhilfe nach § 31 SGB VIII als geeignete Hilfeform in Betracht. Sozialpädagogische Familienhilfe wird gewährt, wenn erhebliche Schwierigkeiten in der Familie bei der Wahrnehmung ihrer Erziehungsaufgaben bestehen, die ihren Ausdruck oder ihre Ursache in der Bewältigung von Problemen (z.B. aufgrund hoher Kinderzahl) oder in Konflikten oder Krisen haben können.[70] Gabi und Robert sind aufgrund der vier Kinder und der persönlichen Situation überfordert und ohne intensive Hilfe nicht in der Lage, ihre Kinder angemessen zu erziehen. Sozialpädagogische Familienhilfe unterstützt durch intensive Betreuung und Begleitung Familien in ihren Erziehungsaufgaben und es kann erwartet werden, dass die Familie ihre Problemsituation durch den Einsatz einer sozialpädagogischen Familienhilfe bewältigen wird.[71] Insofern

---

69 Vgl. Fischer in: Schellhorn/Fischer/Mann, SGB VIII, § 29 Rn. 4.
70 Vgl. Fischer in: Schellhorn/Fischer/Mann, SGB VIII, § 31 Rn. 5; Frings in: LPK-SGB VIII, § 31 Rn. 6; Wiesner, SGB VIII, § 31 Rn. 6 ff.
71 Vgl. Struck in: FK-SGB VIII, § 31 Rn. 4.

scheiden weitere Angebote wie Erziehungsbeistand/Betreuungshelfer nach § 30 SGB VIII sowie Erziehung in der Tagesgruppe nach § 32 SGB VIII als zurzeit nicht erforderlich aus.

Ergebnis: Die materiellen Voraussetzungen für eine Hilfe zur Erziehung liegen vor; nach §§ 27 Abs. 1, Abs. 2 Satz 1, 31 SGB VIII sollte eine Hilfe zur Erziehung in Form der sozialpädagogischen Familienhilfe angestrebt werden.

2. *Besteht eine Vormundschaft gegenüber Heini und – ggf. – wer ist der Vormund?*

In Betracht kommt eine gesetzliche Amtsvormundschaft des Jugendamtes nach § 1791c Abs. 1 BGB. Heini ist geboren und seine Eltern sind nicht miteinander verheiratet, die ersten beiden Voraussetzungen liegen vor.

Fraglich ist, ob Heini eines Vormunds bedarf. Nach § 1773 Abs. 1 BGB erhält ein Minderjähriger (d.h. Heini) einen Vormund, wenn er nicht unter elterlicher Sorge steht oder wenn die Eltern weder in den die Person noch in den das Vermögen betreffenden Angelegenheiten zur Vertretung des Minderjährigen berechtigt sind.[72]

Zwar hat nach § 1626a Abs. 2 BGB Susi die elterliche Sorge über Heini; da Susi 17 Jahre alt und daher gemäß §§ 2, 106 BGB in der Geschäftsfähigkeit beschränkt ist, ruht jedoch gemäß § 1673 Abs. 1, 2 BGB die elterliche Sorge und Susi ist gemäß § 1675 BGB nicht berechtigt, sie auszuüben. Insofern ist Susi zurzeit weder in den die Person noch in den das Vermögen betreffenden Angelegenheiten zur Vertretung von Heini berechtigt. Folglich bedarf Heini eines Vormunds.

Zudem hat Heini auch seinen gewöhnlichen Aufenthalt im Geltungsbereich des Gesetzes und es wurde auch nicht bereits vor der Geburt ein anderer Vormund gestellt.

Ergebnis: Die Voraussetzungen des § 1791c Abs. 1 BGB liegen vor; das Jugendamt ist (Amts-) Vormund über Heini.

---

72 Vgl. ergänzend zu den einzelnen Fallgruppen: MünchKomm/Wagenitz, BGB, § 1773 Rn. 5 ff.; Palandt/Diederichsen, BGB, § 1773 Rn. 2 ff.

Klausur 8: „Martin und David"

Die 35-jährige Uta war 15 Jahre mit Hans verheiratet. Uta arbeitet als Sozialarbeiterin beim Sozialdienst Katholischer Männer in Köln und Hans als Rechtsanwalt in einer wirtschaftsrechtlich orientierten Kanzlei. Nach erheblichen Differenzen über „Fragen des ehelichen Zusammenlebens" zog Uta vor 4 Jahren aus der gemeinsamen Wohnung aus und bezog eine gemütliche 3-Zimmer-Wohnung im Studentenviertel von Köln. Vor 2 Jahren lernte sie den 32-jährigen arbeitslosen Martin kennen und lieben. Martin zog darauf zu Uta. 9 Monate später kam der kleine David zur Welt und Martin kümmerte sich seitdem tagsüber um David; er fütterte ihn, ging mit ihm spazieren, sang ihm Kinderlieder vor und spielte viel mit ihm. Hans hingegen kümmerte sich überhaupt nicht um David, er hat David seit der Geburt kein einziges Mal gesehen und er zahlte auch keinen Unterhalt für ihn. Hans stellte beim zuständigen Familiengericht vielmehr nach der Geburt von David einen Scheidungsantrag und vor 8 Monaten wurden Uta und Hans rechtskräftig geschieden. Danach kam es im Zusammenhang mit „Fußballspielen am Fernsehen" zu erheblichen Schwierigkeiten zwischen Uta und Martin. Martin verfolgte viele Spiele am Fernsehen „bei einigen Flaschen Bier" und wurde sehr ungehalten, wenn er sich durch Schreien von David oder – wie er meinte – „unfachmännische Kommentare" von Uta gestört fühlte. Bei einem Bundesligaspiel vor zwei Monaten platzte Martin der Kragen, er zog aus der gemeinsamen Wohnung aus und lebt seitdem bei einem alten Schulfreund. Darauf reagierte Uta ebenfalls ungehalten. In einem Schreiben an Martin erklärte sie, er werde David und sie „nie mehr wieder sehen", weil er nur seinen Fußball im Kopf habe. Martin rief darauf bei Uta an und sprach auf den Anrufbeantworter, „dass er David – „sein Kind" auf jeden Fall regelmäßig sehen wolle". In einem erneuten Schreiben erklärte Uta, ein Kontakt zwischen David und Martin komme auf keinen Fall in Betracht, ein solches Recht habe nur der Vater eines Kindes und dies sei im Falle von Martin äußerst ungewiss, „denn sie habe in der „relevanten Zeit" – was zutrifft – mit mehreren Männern Geschlechtsverkehr gehabt."

Martin ist nun verunsichert und wendet sich an Sie, die Sie zurzeit Soziale Arbeit studieren. Er möchte wissen,

1. ob er etwas unternehmen kann, damit „seine" rechtliche Vaterschaft in Bezug auf David verbindlich geklärt wird? (Gehen Sie bitte bei der Beantwortung dieser Frage davon aus, dass Martin und Uta während der gesetzlichen Empfängniszeit in Bezug auf David Geschlechtsverkehr hatten.)

2. ob er ein Umgangsrecht nach § 1685 Abs. 2 BGB hat? (Hinweis: zum Umfang des Umgangsrechts sind keine Ausführungen zu machen.)

3. Auch Uta wendet sich an Sie: Sie habe gehört, man könne im Hinblick auf das Umgangsrecht das Jugendamt einschalten. Nach welchen Vorschriften wäre das Jugendamt sachlich zuständig?

(Hinweis: Begründen Sie Ihre Antworten an Hand der einschlägigen Vorschriften. Gehen Sie bitte davon aus, dass alle Angaben im Sachverhalt zutreffen, etwaige weitere Ermittlungen ergeben keine neuen Erkenntnisse.)

Gliederung zur Klausurlösung 8

Themengebiete: Vaterschaftsfeststellung/-anfechtung, Umgangsrecht, Zuständigkeit des Jugendamtes

1. **Kann Martin etwas unternehmen, damit „seine" rechtliche Vaterschaft in Bezug auf David verbindlich geklärt wird? (Gehen Sie bitte bei der Beantwortung dieser Frage davon aus, das Martin und Uta während der gesetzlichen Empfängniszeit in Bezug auf David Geschlechtsverkehr hatten.)**

   Vaterschaftsfeststellung nach § 1600d Abs. 1 BGB i.V.m. §§ 171 Abs. 1, 169 Nr. 1 FamFG?

   – Ehe zwischen Hans und Uta zum Zeitpunkt der Geburt, damit Hans gemäß § 1592 Nr. 1 BGB rechtlicher Vater; keine Vaterschaftsfeststellung nach § 1600d Abs. 1 BGB i.V.m. §§ 171 Abs. 1, 169 Nr. 1 FamFG

   Anfechtung der Vaterschaft durch Antrag nach § 1599 ff. BGB i.V.m. §§ 171 Abs. 1, 169 Nr. 4 FamFG?

   – Anfechtungsberechtigung nach § 1600 Abs. 1 Nr. 2, Abs. 2, 4 BGB?

      – Versicherung von Martin an Eides statt, dass er Uta während der Empfängniszeit beigewohnt hat.

      – § 1600 Abs. 2, 4 BGB: Bestand zwischen David und Hans (= Vater im Sinne von Absatz 1 Nr. 1 i.V.m. § 1592 Nr. 1 BGB) keine sozial-familiäre Beziehung?

      – Abs. 4: Zwar besteht nach Abs. 4 eine sozial-familiäre Beziehung, wenn der Vater im Sinne von Abs. 1 Nr. 1 tatsächliche Verantwortung trägt, und eine Übernahme tatsächlicher Verantwortung liegt in der Regel vor, wenn der Vater im Sinne von Abs. 1 Nr. 1 mit der Mutter des Kindes verheiratet ist oder mit dem Kind längere Zeit in häuslicher Gemeinschaft zusammengelebt hat.

- Eine sozial-familiäre Beziehung liegt aber nicht vor, weil Hans weder mit David zusammengelebt noch sich irgendwie um David gekümmert hat (auch hat er keinen Unterhalt gezahlt), also (+).
- Ferner müsste Martin der leibliche Vater von David sein, welches im Verfahren durch Beweiserhebung festgestellt werden muss.

- Anfechtungsfrist – § 1600b BGB?
  - Die Vaterschaft kann gemäß § 1600b Abs. 1 BGB binnen 2 Jahren gerichtlich angefochten werden und die Frist beginnt nicht vor der Geburt und nicht, bevor die Anerkennung wirksam geworden ist – § 1600b Abs. 2 BGB.
  - Da David noch keine 2 Jahre alt ist, ist die Frist gewahrt.

Ergebnis: Martin kann mit einem Antrag nach §§ 1599 ff. BGB i.V.m. §§ 171 Abs. 1, 169 Nr. 4 FamFG die Vaterschaft von Hans anfechten. Wird er als leiblicher Vater von David festgestellt, d.h. hat der Antrag Erfolg, wird die Feststellung seiner Vaterschaft im Beschluss von Amts wegen ausgesprochen, vgl. § 182 Abs. 1 FamFG.

2. **Hat Martin ein Umgangsrecht nach § 1685 Abs. 2 BGB? (Hinweis: zum Umfang des Umgangsrechts sind keine Ausführungen zu machen.)**

Ein Umgangsrecht nach dieser Vorschrift besteht für enge Bezugspersonen des Kindes, wenn diese für das Kind tatsächliche Verantwortung tragen oder getragen haben.

- Eine Übernahme tatsächlicher Verantwortung ist in der Regel anzunehmen, wenn die Person mit dem Kind längere Zeit in häuslicher Gemeinschaft zusammengelebt hat. „Längere Zeit" – unbestimmter Rechtsbegriff – muss nach den Erfordernissen des Einzelfalls bestimmt werden.
- Martin – Zusammenleben mit Uta und David seit der Geburt von David über 1 Jahr, Merkmal „längere Zeit mit dem Kind in häuslicher Gemeinschaft zusammenleben" (+)

Recht auf Umgang mit David, wenn dies dem Wohl von David dient, § 1685 Abs. 1, 2 BGB.

- Dem Kindeswohl dient gemäß § 1626 Abs. 3 Satz 2 BGB auch sein Umgang mit anderen Personen (d.h. auch engen Bezugspersonen), wenn die Aufrechterhaltung der zu diesen Personen bestehenden Bindungen für die Entwicklung des Kindes förderlich ist. Alle Umstände sind zu berücksichtigen.
  - Für Umgangsrecht von Martin: seit der Geburt von David viel um ihn gekümmert; tagsüber die Hauptbezugsperson für David; Aufbau einer „väterlichen Beziehung"
  - Umgang ist dem Wohle Davids dienlich.

Ergebnis: Martin hat ein Umgangsrecht nach § 1685 Abs. 2 BGB.

3. **Uta wendet sich an Sie: Sie habe gehört, man könne im Hinblick auf das Umgangsrecht das Jugendamt einschalten. Nach welchen Vorschriften wäre das Jugendamt sachlich zuständig?**

Sachliche Zuständigkeit nach §§ 85 Abs. 1, 2, 69 Abs. 1, 3 SGB VIII

– Zuständigkeit des örtlichen Trägers? Der örtliche Träger der Jugendhilfe, der nach § 69 Abs. 1 SGB VIII nach Landesrecht bestimmt wird, errichtet nach § 69 Abs. 3 SGB VIII ein Jugendamt.

Gewährung von Leistungen nach § 2 Abs. 2 Nr. 2 SGB VIII i.V.m. § 18 Abs. 3 Satz 3 SGB VIII; Uta ist Mutter von David und hat damit einen Beratungsanspruch.

Keine Zuständigkeit des überörtlichen Trägers nach § 85 Abs. 2 SGB VIII, (+), da keiner der dortigen Fälle gegeben ist.

Ergebnis: Das Jugendamt wäre nach § 85 Abs. 1, 2, 69 Abs. 1, 3 SGB VIII i.V.m. § 2 Abs. 2 Nr. 2 SGB VIII sachlich zuständig.

Ausformulierte Lösung zur Klausur 8

1. Kann Martin etwas unternehmen, damit „seine" rechtliche Vaterschaft in Bezug auf David verbindlich geklärt wird? (Gehen Sie bitte bei der Beantwortung dieser Frage davon aus, dass Martin und Uta während der gesetzlichen Empfängniszeit in Bezug auf David Geschlechtsverkehr hatten.)

Zu prüfen ist, ob Martin die Vaterschaft in Bezug auf David durch einen Antrag nach § 1600d Abs. 1 BGB i.V.m. §§ 171 Abs. 1, 169 Nr. 4 FamFG gerichtlich feststellen lassen könnte. Dies setzt gemäß § 1600d Abs. 1 BGB voraus, dass keine Vaterschaft nach § 1592 Nr. 1 BGB besteht. Da aber gemäß § 1592 Nr. 1 BGB Hans als der Mann, der zum Zeitpunkt der Geburt mit der Mutter des Kindes verheiratet war, rechtlich als Vater anzusehen ist, liegt diese Voraussetzung nicht vor und eine Vaterschaftsfeststellung nach § 1600d Abs. 1 BGB scheidet aus.

In Betracht kommt die Anfechtung der Vaterschaft durch einen Antrag von Martin nach §§ 1599 ff. BGB i.V.m. §§ 171 Abs. 1, 169 Nr. 4 FamFG.

Dann müsste Martin nach § 1600 Abs. 1 Nr. 2 BGB anfechtungsberechtigt sein. Dazu müsste Martin an Eides statt versichern, dass er Uta während der Empfängniszeit beigewohnt hat. Ferner erfordern § 1600 Absätze 2 und 4 BGB, dass zwischen David und Hans (d.h. dem Vater im Sinne von § 1600 Absatz 1 Nr. 1 BGB i.V.m. § 1592 Nr. 1 BGB) keine sozial-familiäre Beziehung besteht. Gemäß § 1600 Abs. 4 Satz 1 BGB besteht eine sozial-familiäre Beziehung, wenn der Vater im Sinne von Abs. 1 Nr. 1 zum maßgeblichen Zeitpunkt für das Kind tatsächliche Verantwortung trägt oder getragen hat. Die Übernahme tatsächlicher Verantwortung liegt in der Regel gemäß § 1600 Abs. 4 Satz 2 BGB vor, wenn der Vater im Sinne von Absatz 1 Nr. 1 mit der Mutter des Kindes verheiratet ist oder mit dem Kind längere Zeit in häuslicher Gemeinschaft zusammengelebt hat. Die Formulierung „in der Regel" deutet an, dass z.b. allein die Tatsache, dass der Vater im Sinne von Absatz 1 Nr. 1 mit der Mutter des Kindes verheiratet ist, nicht in jedem Fall dazu führt, von einer Übernahme tatsächlicher Verantwortung und damit einer sozial-familiären Beziehung auszugehen. Bestehen keine sozialen Bindungen des Kindes zu diesem Mann, gibt es keinen Grund dem leiblichen Vater das Anfechtungsrecht zu verwehren.[73]

Hans war zwar mit Uta verheiratet. Er hat sich in keiner Weise um David gekümmert, nicht mit ihm zusammengelebt und hat auch keinerlei Unterhalt gezahlt. Insofern bestehen keine sozialen Bindungen zu Hans; die Voraussetzungen für eine sozial-familiäre Beziehung liegen demnach nicht vor.

Zudem müsste Martin der leibliche Vater von David sein, welches im Verfahren durch Beweiserhebung festgestellt werden muss.[74]

Schließlich muss die Anfechtungsfrist nach § 1600b Abs. 1, 2 BGB gewahrt sein. Danach kann die Vaterschaft binnen 2 Jahren gerichtlich angefochten werden und die Frist beginnt nicht vor der Geburt. Da David noch keine 2 Jahre alt ist, ist die Frist gewahrt. Damit liegen die Voraussetzungen für eine Vaterschaftsanfechtung vor.

Ergebnis: Martin kann die Vaterschaft von Hans anfechten. Wird er als leiblicher Vater von David festgestellt, d.h. hat der Antrag Erfolg, wird die Feststellung seiner Vaterschaft gemäß § 182 Abs. 1 FamFG durch Beschluss von Amts wegen ausgesprochen.

2. *Hat Martin ein Umgangsrecht nach § 1685 Abs. 2 BGB? (Hinweis: zum Umfang des Umgangsrechts sind keine Ausführungen zu machen.)*

Ein Umgangsrecht nach dieser Vorschrift besteht für enge Bezugspersonen des Kindes, wenn diese für das Kind tatsächliche Verantwortung tragen oder getragen haben (sog. sozial-familiäre Beziehung). Dabei ist die Übernahme tatsächlicher Verantwortung in der Regel anzunehmen, wenn die Person mit dem Kind längere Zeit in häuslicher Gemeinschaft zusammengelebt hat. „Längere Zeit" ist ein unbestimmter Rechtsbegriff, der nach den Umständen des jeweiligen Einzelfalls

---

73 Vgl. BT-Drs. 15/2253, S. 11.
74 Vgl. § 177 Abs. 2 FamFG sowie dazu im Allgemeinen: BT-Drs. 15/2253, S. 11; Palandt/Brudermüller, BGB, § 1600 Rn. 9.

konkretisiert werden muss.[75] Maßgebend ist, ob zwischen den Beteiligten enge Bindungen entwickelt worden sind.[76] Martin hat seit der Geburt von David seit über einem Jahr mit Uta und David in Utas Wohnung zusammengelebt, hat mit ihm gespielt und sich sehr um ihn gekümmert. Er hat eine „väterliche Beziehung" aufgebaut. Es sind demnach ins Gewicht fallende Bindungen entstanden. Insofern ist davon auszugehen, dass Martin mit David längere Zeit im Sinne des § 1685 Abs. 2 Satz 2 BGB in häuslicher Gemeinschaft zusammengelebt, er damit Verantwortung für David getragen hat und das Merkmal der sozial-familiären Beziehung zu bejahen ist. Bei Martin handelt es sich also um eine enge Bezugsperson von David im Sinne von § 1685 Abs. 2 BGB.

Ein Recht auf Umgang mit David hat Martin nach § 1685 Abs. 1, 2 BGB aber nur, wenn dies dem Wohl von David dient. Dem Kindeswohl dient nach § 1626 Abs. 3 Satz 2 BGB der Umgang mit anderen Personen, zu denen das Kind Bindungen besitzt (d.h. auch enge Bezugspersonen im Sinne von § 1685 Abs. 2 BGB), wenn ihre Aufrechterhaltung für seine Entwicklung förderlich ist, wobei alle Umstände zu berücksichtigen sind.[77] Martin hat sich seit der Geburt von David viel um ihn gekümmert. Er war tagsüber die Hauptperson für David. Insgesamt ist die Aufrechterhaltung der dadurch entstandenen Bindungen für die Entwicklung von David förderlich; der Umgang mit Martin dient dem Wohl von David.

Ergebnis: Es besteht ein Umgangsrecht für Martin nach § 1685 Abs. 1, 2 BGB.

3. *Uta wendet sich an Sie: Sie habe gehört, man könne im Hinblick auf das Umgangsrecht das Jugendamt einschalten. Nach welchen Vorschriften wäre das Jugendamt sachlich zuständig?*

Zu prüfen ist die sachliche Zuständigkeit des Jugendamtes nach §§ 85 Abs. 1, 2, 69 Abs. 1, 3 SGB VIII. Nach § 85 Abs. 1 SGB VIII ist der örtliche Träger für die Gewährung von Leistungen und die Erfüllung anderer Aufgaben sachlich zuständig, soweit nicht der überörtliche Träger sachlich zuständig ist. Örtliche Träger werden nach § 69 Abs. 1 SGB VIII durch Landesrecht bestimmt[78] und gemäß § 69 Abs. 3 SGB VIII errichtet jeder örtliche Träger ein Jugendamt. Damit

---

75 Vgl. Palandt/Brudermüller, BGB, § 1600 Rn. 8; vgl. zu einzelnen Fallgruppen Palandt/Diederichsen, BGB, § 1632 Rn. 11.

76 MünchKomm/Huber, BGB, 1630 Rn. 19 m.w.N.

77 Vgl. dazu im Allgemeinen: Palandt/Diederichsen, BGB, § 1685 Rn. 3; MünchKomm/Finger, BGB; § 1685 Rn. 13.

78 Vgl. beispielhaft für NRW: gemäß § 1a Abs. 1 1. AG-KJHG NRW sind die Kreise und kreisfreien Städte örtlicher Träger der Jugendhilfe.

kommt die Zuständigkeit des Jugendamtes in Betracht, sofern die Gewährung von Leistungen Gegenstand einer etwaigen Anfrage von Uta wäre.

Im Hinblick auf das Anliegen von Martin, sein Kind auf jeden Fall regelmäßig sehen zu wollen, steht eine Umgangsregelung im Raum. Hier kommt als Leistung des Jugendamtes eine Beratung nach §§ 2 Abs. 2 Nr. 2, 18 Abs. 3 Satz 3 SGB VIII in Betracht. Danach haben Eltern Anspruch auf Beratung und Unterstützung bei der Ausübung des Umgangsrechts. Uta ist die Mutter von David, sie hat einen Anspruch auf diese Beratung, die Gewährung einer Leistung nach § 2 Abs. 2 Nr. 2 SGB VIII wäre Gegenstand einer etwaigen Anfrage von Uta.

Schließlich darf gemäß § 85 Abs. 1 SGB VIII die Zuständigkeit des überörtlichen Trägers nicht gegeben sein. Da keiner der Fälle des § 85 Abs. 2 SGB VIII vorliegt, ist auch diese Voraussetzung gegeben.

Ergebnis: Das Jugendamt wäre nach §§ 85 Abs. 1, 2 Abs. 2 Nr. 2, 69 Abs. 1, 3 SGB VIII sachlich zuständig.

Klausur 9: „Jasmin und Berti"

1. Die 26-jährige Jenny und der 28-jährige Karl zogen vor vier Jahren in eine gemütliche Zweizimmerwohnung im Süden Kölns. Beide arbeiten als Sozialarbeiter in Einrichtungen der Drogenhilfe. Vor zwei Jahren wurde ihre Tochter Jasmin geboren und Karl erkannte die Vaterschaft über Jasmin rechtswirksam an. Einen Monat nach der Geburt kam es zu einem großen Streit zwischen Jenny und Karl. Anschließend zog Karl aus der gemeinsamen Wohnung aus und wohnte seitdem bei seiner 66-jährigen Mutter Gabi. Jenny und Karl erzielten Einvernehmen darüber, dass Karl fortan Jasmin einmal in der Woche sehen durfte.

Kurz nach der Trennung lernte Jenny den 30-jährigen Joachim kennen und lieben. Joachim hatte nach längerer „Drogenkarriere" jeglichen Suchtmitteln „abgeschworen" und arbeitet in der Einrichtung, in der auch Jenny arbeitet. Nach dem Jenny Joachim vor drei Monaten ihre erneute Schwangerschaft vermeldete, heirateten Joachim und Jenny noch im gleichen Monat. Einen Monat später bat Karl Jenny, „Jasmin in Zukunft zwei Mal pro Woche sehen zu dürfen". Darauf schrieben Joachim und Jenny einen Brief an Karl, in dem sie darum baten, dass Karl die „junge Familie" in Ruhe lassen solle. Jenny und Joachim seien überglücklich und wollten nun ein „normales, ungestörtes Familienleben" genießen. Daher habe sich Joachim im Einverständnis mit Jenny dazu entschlossen, Jasmin zu adoptieren, damit Jasmin sich als „vollwertiges Kind" wie das noch Ungeborene fühlen könne. Sie würden daher Karl um sein Einverständnis in die Adoption von Jasmin bitten. Karl antwortete darauf, er stimme dem nicht zu; Jasmin sei seine Tochter und das „Manöver" diene in Wahrheit nur dazu, ihn von jeglichem Kontakt zu seiner Tochter auszuschließen. Joachim stellte darauf bei dem zuständigen Familiengericht einen Antrag auf Annahme von Jasmin als Kind.

Karl wandte sich darauf an Sie, die Sie in einer Familienberatungsstelle arbeiten, mit folgender Frage:

Wie sind die Erfolgsaussichten dieses Antrags zu bewerten?

2. Sie arbeiten beim städtischen Jugendamt der Stadt Köln und werden eines Morgens von der Polizei wie folgt informiert: Der 34-jährige Carlos wurde mehrfach beobachtet, dass er in der Nähe einer Offenen Ganztagsschule nachmittags

Drogen an dort anwesende Kinder verkaufte. Gestern hatten Polizeibeamte den Ort des Geschehens erneut aufgesucht und Carlos dabei erwischt, wie er eine „Portion" an die 12-jährige Mary verkaufte. Carlos wurde von seinem 10-jährigen Sohn Berti begleitet. Carlos wirkte angetrunken und erklärte, er räume „seine Fehler ein und wolle sich kooperativ zeigen". Auf Befragen gab Berti an, er sei das erste Mal (was zutrifft) „dabei gewesen". Er liebe seinen Vater über alles und wolle auf keinen Fall von ihm weg, sein Vater sei ein „guter Papa". Eine Mutter habe er nicht; diese sei – was zutrifft – vor kurzem gestorben. Sie fragen sich,

ob die materiellen Voraussetzungen für eine Inobhutnahme von Berti vorliegen?

(Hinweis: Begründen Sie Ihre Antworten an Hand der einschlägigen Vorschriften. Gehen Sie bitte davon aus, dass alle Angaben im Sachverhalt zutreffen, etwaige weitere Ermittlungen ergeben keine neuen Erkenntnisse.)

Gliederung zur Klausurlösung 9

Themengebiete: Annahme als Kind, Inobhutnahme nach §§ 42 Abs. 1 Satz 1 Nr. 2, 8a Abs. 3 Satz 2 SGB VIII

1. **Wie sind die Erfolgsaussichten eines Antrags von Joachim auf Annahme von Jasmin als Kind zu bewerten?**

   Annahme als Kind nach § 1741 ff. BGB – Voraussetzungen?

   - Antrag nach § 1752 Abs. 1 BGB – liegt vor.
   - Mindestalter des Annehmenden – §§ 1743 Satz 1, 2. Alt., 1741 Abs. 2 Satz 3 BGB – liegt vor; Joachim ist 30 und damit über 21 Jahre alt.
   - Einwilligung von Jasmin (kann nach § 1746 Abs. 1 BGB nur von Jenny als der gesetzlichen Vertreterin (§ 1626a Abs. 2. BGB) erteilt werden): (+) Jenny ist mit der Adoption einverstanden.
   - Einwilligung von Jenny nach § 1747 Abs. 1 BGB – liegt vor, s.o.
   - Einwilligung von Karl nach § 1747 Abs. 1 BGB – liegt nicht vor.

     Ersetzung der Einwilligung von Karl nach § 1748 Abs. 4 BGB auf (noch zu stellenden) Antrag des Kindes, vertreten von Jenny als ihre gesetzliche Vertreterin?

     - Fall des § 1626a Abs. 2 BGB – (+)
     - Unterbleiben der Annahme – unverhältnismäßiger Nachteil?
     - Diskussion:
       - Erforderlich: umfassende Würdigung des Einzelfalls; Abwägung zwischen den Interessen des Kindes und des Vaters
       - Unterbleiben der Adoption wäre dann ein unverhältnismäßiger Nachteil für das Kind, wenn die Adoption einen so erheblichen Vorteil für das Kind bieten

würde, dass ein sich verständig um sein Kind sorgender Elternteil auf der Erhaltung des Verwandtschaftsbandes nicht bestehen würde.

- In der Regel nicht dem Wohl des Kindes dienend, wenn die Adoption – womöglich sogar vorrangig – darauf zielt, Umgangsmöglichkeiten des Vaters für
die Zukunft völlig auszuschließen.

- Keine Änderung der tatsächlichen Situation bei Adoption durch den Ehemann der Mutter, insbesondere erhält das Kind nicht erst durch die Adoption
die Möglichkeit, in einer Familie aufzuwachsen.

- Auf Seiten des Vaters: Hat gelebte Eltern-Kind-Beziehung bestanden?

- Hier: knapp 2 Jahre hat Vater-Kind-Beziehung durch regelmäßigen Umgang
bestanden.

- Keine Anhaltspunkte dafür, dass nur durch eine Adoption Jasmin in die
„neue Familie" hineinwachsen kann.

- Voraussetzungen für Ersetzung der Einwilligung liegen nicht vor.

**Ergebnis: Der Antrag von Joachim auf Annahme von Jasmin als Kind
hätte keine Aussicht auf Erfolg.**

2. **Liegen die materiellen Voraussetzungen für Inobhutnahme von Berti
vor?**

*Da Berti nicht um eine Inobhutnahme bittet, ist nur Inobhutnahme nach
§ 42 Abs. 1 Satz 1 Nr. 2, § 8a Abs. 3 Satz 2 SGB VIII möglich.*

- Gefahr für das Wohl des Kindes (von Berti)?

    - Gemeint ist eine Gefahr für das körperliche, seelische oder geistige Wohl des
    Kindes (vgl. § 1666 Abs. 1 BGB); erforderlich: schwere und erhebliche Schädi-
    gung des Kindes ist mit ziemlicher Sicherheit voraussehbar.

    - Miterleben des strafbaren Verhaltens seines Vaters belastet und bedroht sei-
    ne seelische und geistige Entwicklung.

    - Besorgnis, dass er im Falle der Nichtänderung des Verhaltens mit der Zeit zu
    der Überzeugung gelangt, Begehen von Straftaten stellt ein übliches Verhal-
    ten dar (Nicht im Einklang mit altersgerechter Entwicklung).

    - Aber: Berti war bisher erst einmal mit anwesend; sehr fraglich, ob bereits zu die-
    sem Zeitpunkt schwere und erhebliche Schädigung des Kindes voraussehbar ist.

    - Erforderlich: „weitere Erlebnisse dieser Art" mit der Folge, dass sich o.a. Ü-
    berzeugung so weit verdichtet, dass eine schwere und erhebliche Schädigung
    mit ziemlicher Sicherheit voraussehbar ist

    - Aber: Carlos äußert Kooperationsbereitschaft; dadurch könnte diese Entwick-
    lung verhindert werden.

    - Also: Gefahr für das Wohl von Berti im Sinne von § 42 Abs. 1 Nr. 2, § 8a Abs.
    3 Satz 2 SGB VIII (-)

**Ergebnis: Materielle Voraussetzungen für eine Inobhutnahme nach
§§ 42 Abs. 1 Nr. 2, 8a Abs. 3 Satz 2 SGB VIII zum gegenwärtigen Zeitpunkt (-)**

Ausformulierte Lösung zur Klausur 9[79]

1. Wie sind die Erfolgsaussichten eines Antrags von Joachim auf Annahme von Jasmin als Kind zu bewerten?

Ein erfolgreicher Antrag von Joachim auf Annahme von Jasmin als Kind erfordert, dass die Voraussetzungen der §§ 1741 ff. BGB vorliegen. Ein Antrag des Annehmenden, d.h. Joachim nach § 1752 Abs. 1 BGB liegt vor; Joachim hat den Antrag gestellt. Die „altersmäßigen" Voraussetzungen der §§ 1743 Satz 1, 2. Alt., 1741 Abs. 2 Satz 3 BGB liegen ebenfalls vor; Joachim möchte Jasmin, d.h. das Kind seiner Ehegattin Jenny annehmen; er ist 30 und hat damit das 21. Lebensjahr vollendet.

Fraglich ist, ob die nach §§ 1746, 1747 BGB nötigen Einwilligungen vorliegen.

Die Einwilligung von Jasmin, die nach § 1746 Abs. 1 BGB nur von Jenny (gemäß § 1626a Abs. 2 BGB) als deren gesetzlichen Vertreterin erteilt werden kann, liegt vor; Jenny ist mit der Adoption einverstanden. Gleiches gilt für Jennys Einwilligung gemäß § 1741 Abs. 1 BGB, d.h. die Einwilligung der Mutter; diese liegt ebenfalls vor.

Die Einwilligung von Karl nach § 1747 Abs. 1 BGB liegt nicht vor, im Gegenteil, er stimmt dem ausdrücklich nicht zu. In Betracht kommt, dass dessen Einwilligung nach § 1748 Abs. 4 BGB auf einen (noch zu stellenden) Antrag von Jasmin, vertreten durch ihre Mutter Jenny als ihre gesetzliche Vertreterin, ersetzt werden müsste, in diesem Fall läge die Einwilligung von Karl vor.

Wie bereits erwähnt liegt ein Fall des § 1626a Abs. 2 BGB vor; fraglich ist, ob das Unterbleiben der Annahme dem Kind zu einem unverhältnismäßigen Nachteil gereichen würde. Erforderlich ist eine umfassende Würdigung des Einzelfalls, die Interessen des Kindes an der Adoption sind gegenüber den Interessen des Vaters am Fortbestand seines Elternrechts abzuwägen.[80] Das Unterbleiben der Adoption wäre dann ein unverhältnismäßiger Nachteil für das Kind, wenn die Adoption einen so erheblichen Vorteil für das Kind bieten würde, dass ein sich verständig um sein Kind sorgender Elternteil auf der Erhaltung des Verwandtschaftsbandes nicht bestehen würde.[81] Zu berücksichtigen ist, dass es in der Regel

---

79 Der erste Teil der Klausur ist teilweise dem Sachverhalt der Entscheidung des BGH, Urteil v. 23.4.05, XII ZB 10/03, NJW 2005, 1781 nachgebildet.

80 Vgl. BGH, Beschluss vom 23.3.2005, XII ZB 10/03, NJW 2005, 1781, 1783; Palandt/ Diederichsen, BGB, § 1748 Rn. 12 m.w.N.; vgl. auch BVerfG, Beschluss v. 29.11.2005, 1 BvR 1444/01, NJW 2006, 827; BVerfG, Beschluss v. 27.4.2006, 1 BvR 2860/01, FamRZ 2006, 2470.

81 BGH, Beschluss vom 23.3.2005, XII ZB 10/03, NJW 2005, 1781, 1783; Schwab, FamR, Rn. 789; Jauernig/Berger, BGB, §§ 1741 – 1750 Rn. 14.

gerade nicht dem Wohl des Kindes dient, wenn die Adoption – womöglich sogar vorrangig – darauf zielt, Umgangsmöglichkeiten des Vaters für die Zukunft völlig auszuschließen.[82] Auch ändert sich bei einer Adoption durch den Ehemann der Mutter im Regelfall an der tatsächlichen Situation des Kindes wenig; insbesondere wird dem Kind nicht erst durch die Adoption die Möglichkeit gegeben, in einer Familie aufzuwachsen, die ihm gute Chancen für seine Entwicklung bietet.[83] Auf Seiten des Vaters ist u.a. zu berücksichtigen, ob und inwieweit ein gelebtes Vater-Kind-Verhältnis besteht oder bestanden hat oder welche Gründe den Vater am Aufbau oder an der Aufrechterhaltung eines solchen Verhältnisses gehindert haben.[84]

Unter Berücksichtigung dieser Umstände ist zu bedenken, dass zwischen Karl und Jasmin über 2 Jahre im Hinblick auf den regelmäßigen Umgang Beziehungen entstanden sind. Insofern hat ein gelebtes Vater-Kind-Verhältnis bestanden. Keine Anhaltspunkte sind dafür ersichtlich, dass nur durch eine Adoption Jasmin in die „neue Familie" hineinwachsen kann. Es erscheint vielmehr als möglich, dass die Mutter – Vater – Kind – Beziehung durch die Beteiligten in der Weise gestaltet werden kann, dass das angestrebte Familienleben unter Berücksichtigung von Karl stattfinden kann. Insgesamt sind nötige erhebliche Vorteile für Jasmin durch die Adoption nicht erkennbar. Insgesamt würde das Unterbleiben der Annahme Jasmin nicht zu unverhältnismäßigem Nachteil gereichen, im Ergebnis liegen damit die Voraussetzungen für die Ersetzung der Einwilligung von Karl nicht vor.

Ergebnis: Der Antrag von Joachim auf Annahme von Jasmin als Kind hat keine Aussicht auf Erfolg.

2. *Liegen die materiellen Voraussetzungen für eine Inobhutnahme von Berti vor?*

Da Berti nicht um eine Inobhutnahme bittet, kommt lediglich eine Inobhutnahme nach §§ 42 Abs. 1 Satz 1 Nr. 2, 8a Abs. 3 Satz 2 SGB VIII in Betracht. Dies setzt eine Gefahr für das Wohl von Berti voraus. Gemeint ist (vgl. § 1666 Abs. 1 BGB) eine Gefahr für das körperliche, seelische oder geistige Wohl des Kindes.[85] Darunter ist eine gegenwärtige, in einem solchen Maße vorhandene Gefahr zu verste-

---

82 BGH, Beschluss vom 23.3.2005, XII ZB 10/03, NJW 2005, 1781, 1783 mit Hinweis auf BVerfG, Beschluss vom 7.3.1995, 1 BvR 790/91 u.a., NJW 1995, 2155 = FamRZ 1995, 789, 793.
83 BGH, Beschluss vom 23.3.2005, XII ZB 10/03, NJW 2005, 1781, 1783.
84 BGH, Beschluss vom 23.3.2005, XII ZB 10/03, NJW 2005, 1781, 1783.
85 Vgl. Wiesner, SGB VIII, § 42 Rn. 11; Röchling in: LPK-SGB VIII, § 42 Rn. 25; Trenczek in: FK-SGB VIII, § 42 Rn. 13.

hen, dass sich bei der weiteren Entwicklung des Kindes eine erhebliche (schwere) Schädigung mit ziemlicher Sicherheit voraussehen lässt.[86] In Betracht kommt eine Gefahr für das seelische und geistige Wohl. Das Miterleben des strafbaren Verhaltens seines Vaters belastet und bedroht seine seelische Entwicklung. Er könnte mit der Zeit zu der Überzeugung gelangen, dass das Begehen von Straftaten ein übliches Verhalten darstellt, welches mit einer altersgerechten geistigen Entwicklung von Berti nicht in Einklang zu bringen ist. Fraglich ist aber, ob sich zum gegenwärtigen Zeitpunkt bereits eine erhebliche schwere Schädigung von Berti mit ziemlicher Sicherheit voraussehen lässt, denn Berti war lediglich ein Mal bei den Handlungen seines Vaters zugegen. Eine schwere und erhebliche Schädigung des seelischen und geistigen Wohls dürfte erst eintreten – bzw. mit ziemlicher Sicherheit vorausgesagt werden können –, wenn Berti weiter im erheblichen Umfang Erfahrungen dieser Art machen würde. Dies dürfte im Hinblick auf die Kooperationsbereitschaft seines Vaters aber zweifelhaft sein. Insgesamt liegt also eine Gefahr für das Wohl von Berti im Sinne von §§ 42 Abs. 1 Satz 1 Nr. 2, 8a Abs. 3 SGB VIII nicht vor.[87]

Ergebnis: Die materiellen Voraussetzungen für eine Inobhutnahme nach §§ 42 Abs. 1 Nr. 2, 8a Abs. 3 Satz 2 SGB VIII liegen zum gegenwärtigen Zeitpunkt nicht vor.

---

86 MünchKomm/Olzen, BGB, § 1666 Rn. 50; BGH, Beschluss vom 14.7.1956 – IV ZB 32/56, FamRZ 1956, 350.

87 Im Übrigen fehlt es auch am Merkmal „dringend". Dringend ist die Gefahr, wenn eine Sachlage oder ein Verhalten bei ungehindertem Ablauf des objektiv zu erwartenden Geschehens mit hinreichender Wahrscheinlichkeit das Wohl des Kindes gefährden wird (Vgl. Wiesner, SGB VIII, § 42 Rn. 10; vgl. auch Röchling in: LPK-SGB VIII, § 42 Rn. 28: Dringend ist die Gefahr, wenn über die der Gefahr innewohnende Aktualität hinaus eine konkret drohende, also unmittelbar bevorstehende Gefahrenlage besteht, die sich nach dem objektiv anzunehmenden Verlauf der Dinge alsbald auswirken wird.). Da Carlos seine Kooperationsbereitschaft signalisiert hat, steht zu erwarten bzw. es "ist nicht von vornherein auszuschließen, dass er z.B. Aufforderungen durch das Jugendamt, zukünftig die Anwesenheit von Berti bei strafbarem Verhalten zu verhindern, Folge leisten wird. Eine Gefahrenlage im Sinne des Merkmals „dringend" ist daher nicht gegeben.

Klausur 10: „Peter und Petra"

1. Peter, 36 Jahre alt, und Petra, 35 Jahre alt, sind Eltern der 9-jährigen Heidi. Sie hatten vor 10 Jahren geheiratet und leben seit 1 Jahr getrennt. Petra lebt mit Heidi in einer Zweizimmerwohnung im Kölner Norden. Sie arbeitet halbtags als Verwaltungsangestellte bei der Stadt Köln. Hintergrund der Trennung waren zunehmende Alkoholprobleme von Peter. Peter hatte Petra in der Vergangenheit mehrfach – zum Teil auch im Beisein von Heidi – geschlagen. Infolge der Suchtproblematik wurde er arbeitslos und lebt zurzeit bei einem ehemaligen Arbeitskollegen im Kölner Süden, der ihm vorübergehend ein Zimmer zur Verfügung gestellt hat. Eine Rückkehr zu Petra „schließt er definitiv aus". Seit der Trennung verweigert Peter gegenüber Petra jegliche Diskussion über Heidi betreffende Sachfragen. In Telefongesprächen kommt es jedes Mal zu erheblichen Beschimpfungen von Petra; manchmal sind Telefonate auch wegen der Alkoholisierung von Peter nicht möglich. Petra wollte Heidi in einer weiterführenden Schule anmelden; diesbezüglich verweigerte Peter jegliche Kooperation. Ferner möchte Petra Heidi nicht impfen lassen. Auch hier erhielt Petra in einem diesbezüglich geführten Telefonat keinerlei Reaktion; vielmehr beschimpfte Peter Petra als „Schlampe, die sowieso zu nichts fähig sei; sie solle ihn zu Heidi betreffenden Angelegenheiten nicht mehr fragen, sie bekäme von ihm ohnehin keine Antwort." Petra wies den Vorwurf, „eine zu nichts fähige Schlampe zu sein", mit Nachdruck zurück. Vor drei Monaten kam Peter überraschend zu einem Besuch zu Petra und Heidi. Er war deutlich alkoholisiert, beschimpfte beide und drückte Heidi vor Wut über deren Geschrei leicht gegen eine Zimmerwand. Nach diesem Besuch rief Petra bei Peter an und erklärte, aufgrund dieses Vorfalls und des Verhaltens von Peter in der Vergangenheit wolle sie nun das alleinige Sorgerecht für Heidi beantragen. Peter erklärte, „dem werde er auf keinen Fall zustimmen, sie könne sich den Antrag klemmen, es solle alles so bleiben wie es ist, dies sei das Beste für Heidi. Wenn Petra sich aber weiter „so" verhalte, riskiere sie, dass er „eines Tages" Heidi zu sich nehmen werde". Petra wandte sich an eine Familienberatungsstelle, in der Sie als Sozialarbeiterin arbeiten.

1) Petra möchte wissen,

ob ein Antrag auf Übertragung der elterlichen Sorge auf Petra Aussicht auf Erfolg hätte?

2. Vor einem Monat wollte Petra mit der 9-jährigen Nadine, einer Freundin von Heidi und der 10-jährigen Nicole, einer Cousine von Heidi, und Heidi zur Eröffnung eines großen Einkaufshauses mit der Straßenbahn in die Stadt fahren. Sie wies die Kinder ausdrücklich darauf hin „sich zu benehmen und ihren Anweisungen Folge zu leisten". Auch sprach Petra ausdrücklich an, dass „Straßenbahn Fahren nicht ungefährlich sei". Auf dem Bahnsteig kam es plötzlich zwischen Nadine und Nicole zu einem Streit. Petra war gerade dabei, den Streit zu schlichten, als Heidi von hinten Nadine auf die Bahngleise stieß. Diese wurde von der im gleichen Moment herannahenden Bahn erfasst und schwer verletzt.

Die Eltern von Nadine machen Petra größte Vorwürfe, sprechen von „Aufsichtspflichtverletzung" und meinen, Nadine habe einen Schadensersatzanspruch gegen Petra.

Ist deren Rechtsauffassung zutreffend, d.h. hat Nadine einen Schadensersatzanspruch gegen Petra? (Vertragliche Schadensersatzansprüche sind nicht zu prüfen)

(Hinweis: Begründen Sie Ihre Antworten an Hand der einschlägigen Vorschriften. Gehen Sie bitte davon aus, dass alle Angaben im Sachverhalt zutreffen, etwaige weitere Ermittlungen ergeben keine neuen Erkenntnisse.)

Gliederung zur Klausurlösung 10

Themengebiete: Übertragung des Sorgerechts nach § 1671 Abs. 1, 2 BGB, Aufsichtspflicht

> **Petra möchte wissen, ob ein Antrag auf Übertragung der elterlichen Sorge auf Petra Aussicht auf Erfolg hätte?**
>
> *§ 1671 Abs.1, Abs. 2 Nr. 2 BGB*
>
> – Eltern, denen die elterliche Sorge gemeinsam zusteht?
>   - – Peter und Petra – (noch) verheiratet; §§ 1626, 1626a, 1629 BGB: elterliche Sorge gemeinsam
> – Leben beide nicht nur vorübergehend getrennt?
>   - – § 1567 Abs. 1 BGB, Peter lebt von Petra getrennt und er schließt eine Rückkehr zu Petra definitiv aus.
>   - – Also (+)
> – Aufhebung der gemeinsamen Sorge und Übertragung auf Petra entspricht dem Wohl von Heidi am besten?

- Nötig Einzelfallentscheidung und –abwägung – auch unter Berücksichtigung von §§ 1628, 1687 BGB
- Ausgangspunkt: Leitbild der §§ 1626 ff. BGB: gemeinsame elterliche Sorge
- Aber: Auflösung des gemeinsamen Sorgerechts, wenn die Eltern in grundsätzlichen (Erziehungs-)Fragen z.b. wegen mangelnder Kooperationsbereitschaft eines Partners unterschiedlicher Meinung sind und ihr tief greifendes Zerwürfnis sie hindert, die Belange des Kindes wahrzunehmen etwa bei massiven körperlichen Auseinandersetzungen zwischen den Eltern.
- Zu beachten: Grundsatz der Verhältnismäßigkeit

- Diskussion:
- Peter und Petra: erheblich zerstritten; Gewaltbereitschaft und Alkoholprobleme von Peter.
- (Vollständige) Verweigerung der Kooperation durch Peter in wichtigen, für Heidi zu regelnde Angelegenheiten.
- Keine positive Prognose, dass Petra und Peter sich nach §§ 1628, 1687 BGB zu gemeinsamen vernünftigen Lösungen durchringen werden.
- Grundsatz der Verhältnismäßigkeit (Geeignetheit, Erforderlichkeit und Angemessenheit der Maßnahme) (+)
- Geeignet, da bei Übertragung der alleinigen Sorge auf Petra die zu entscheidenden Fragen geregelt werden können.
- Erforderlich, da weniger belastende Entscheidung (z.B. zunächst einmal nur Teilentzug der elterlichen Sorge für die Bereiche „Besuch der weiterführenden Schule" und „Impfen") (-), vollständige Kooperationsverweigerung bei Peter; kein Beitrag zu einem insgesamt befriedeten Miteinander.
- Angemessen (= verhältnismäßig im engeren Sinne); die zu entscheidenden Fragen = für die Entwicklung von Heidi erhebliche Fragen.
- Insgesamt: Übertragung der alleinigen Sorge auf Petra entspricht dem Wohl von Heidi am besten.

Ergebnis: Ein Antrag auf Übertragung der alleinigen Sorge auf Petra hat Aussicht auf Erfolg.

2. **Die Eltern von Nadine machen Petra größte Vorwürfe, sprechen von „Aufsichtspflichtverletzung" und meinen, Nadine habe einen Schadensersatzanspruch gegen Petra. Ist deren Rechtsauffassung zutreffend, d.h. hat Nadine einen Schadensersatzanspruch gegen Petra? (Vertragliche Schadensersatzansprüche sind nicht zu prüfen)**

- *Anspruch aus § 832 Abs. 1 Satz 1, 2 BGB?*
- Mdj. fügt einem Dritten einen Schaden widerrechtlich zu?
  hier: Heidi verletzt widerrechtlich Nadine. Keine Anhaltspunkte für Rechtfertigungsgrund.
- Aufsichtspflicht über Heidi hier: (+), aus §§ 1626, 1631 Abs. 1 BGB

- Genügen der Aufsichtspflicht: Voraussetzungen im Allgemeinen: abhängig von Alter, Eigenart, Charakter. Was würden verständige Aufsichtsführende nach vernünftigen Anforderungen an erforderlichen und zumutbaren Maßnahmen treffen, um Schädigungen Dritter abzuwenden?

  - Diskussion:

  - nicht unvernünftig, dass Petra mit den drei Kindern eine Straßenbahnfahrt unternimmt. Diese erscheint nicht als „so gefährlich", dass z.B. eine weitere Aufsichtsperson nötig gewesen wäre.

  - Keine Anhaltspunkte für Auffälligkeiten.

  - Die erfolgten Ermahnungen erschienen angemessen.

  - Stoß war nicht voraussehbar.

  - Kein Fehler von Petra ersichtlich.

  Ergebnis: Petra hat ihrer Aufsichtspflicht genügt, kein Schadensersatzanspruch aus § 832 Abs. 1 BGB.

Ausformulierte Lösung zur Klausur 10

1. Wie wäre die Erfolgsaussicht eines Antrags auf Übertragung der alleinigen Sorge auf Petra zu beurteilen?

Der Antrag auf Übertragung der alleinigen elterlichen Sorge auf Petra wäre erfolgreich, wenn die Voraussetzungen des § 1671 Abs. 1, 2 BGB vorlägen.

Dies setzt zunächst voraus, dass es sich bei Peter und Petra um Eltern handelt, denen die elterliche Sorge gemeinschaftlich zusteht. Peter und Petra sind die Eltern von Heidi und da sie bei der Geburt von Heidi verheiratet gewesen sind, steht ihnen nach §§ 1626, 1626a BGB die elterliche Sorge gemeinsam zu.

Ferner müssten Petra und Peter nicht nur vorübergehend getrennt leben. Gemäß § 1567 Abs. 1 BGB leben Ehegatten getrennt, wenn zwischen ihnen keine häusliche Gemeinschaft besteht und ein Ehegatte sie erkennbar nicht herstellen will, weil er die eheliche Gemeinschaft ablehnt. Petra und Peter trennten sich vor einem Jahr; zwischen ihnen besteht also keine häusliche Gemeinschaft mehr und ein Ehegatte möchte sie auch erkennbar nicht mehr herstellen, Peter schließt eine Rückkehr zu Petra definitiv aus. Mangels gegenteiliger Anhaltspunkte ist davon auszugehen, dass er die eheliche Lebensgemeinschaft mit Petra ablehnt; die Voraussetzungen des § 1567 Abs. 1 BGB liegen vor.

Zu prüfen ist, ob die Aufhebung der gemeinsamen Sorge und die Übertragung auf Petra dem Wohl von Heidi am besten entspricht. Diese Frage ist ausgehend von der bestehenden gemeinsamen Sorge und den Möglichkeiten der §§ 1628,

100

1687 BGB im Rahmen einer Abwägung aller Umstände des Einzelfalls zu entscheiden. Im Allgemeinen besteht Einigkeit darüber, dass das gemeinsame Sorgerecht aufzulösen ist, wenn die Eltern in grundsätzlichen (Erziehungs-)Fragen z.b. wegen mangelnder Kooperationsbereitschaft eines Partners unterschiedlicher Meinung sind und ihr tief greifendes Zerwürfnis sie hindert, die Belange des Kindes wahrzunehmen,[88] etwa bei massiven körperlichen Auseinandersetzungen zwischen den Eltern.[89] Zu beachten ist auch der Grundsatz der Verhältnismäßigkeit.[90]

Für eine Übertragung des alleinigen Sorgerechts auf Petra spricht, dass Peter in den wichtigen Fragen, die gegenwärtig für Heidi zu regeln sind (Besuch der weiterführenden Schule, Frage des Impfens) die Kooperation verweigert. Auch sind Peter und Petra erheblich zerstritten. Dadurch, dass Peter Petra gegenüber erklärte, sie solle ihn zu Heidi betreffenden Angelegenheiten nicht mehr fragen, sie bekäme von ihm ohnehin keine Antwort, hat er darüber hinaus die Verweigerung von Kooperation in jeglicher Hinsicht deutlich gemacht. Erschwerend kommt die Gewaltbereitschaft von Peter, die sich im Schlagen von Petra und Drücken von Heidi an die Zimmerwand während des Besuches gezeigt hat, hinzu. Angesichts dieser Sachlage kann eine positive Prognose, dass sich Petra und Peter im Rahmen der §§ 1628, 1687 BGB zu gemeinsamen vernünftigen Lösungen durchringen werden, nicht getroffen werden. In diesem Zusammenhang sind auch die erheblichen Alkoholprobleme zu bedenken, die ein den Vaterpflichten entsprechendes Verhalten von Peter zurzeit unmöglich machen. Es bestehen ferner keine Anhaltspunkte für die Annahme etwaiger Erziehungsschwierigkeiten bei Petra, so dass davon auszugehen ist, dass im Falle der Übertragung der alleinigen Sorge auf Petra Heidi die besseren Entwicklungsmöglichkeiten eröffnet werden.

Die Übertragung der elterlichen Sorge steht auch mit dem zu beachtenden Grundsatz der Verhältnismäßigkeit (Geeignetheit, Erforderlichkeit und Angemessenheit der Maßnahme) im Einklang. Die Übertragung der elterlichen Sorge auf Petra erscheint geeignet, denn in diesem Fall können die zu entscheidenden Fragen zum Wohl von Heidi geregelt werden. Sie ist auch erforderlich, weil eine weniger belastende Entscheidung (z.B. zunächst nur Teilentzug der elterlichen Sorge für die Bereiche „Besuch der weiterführenden Schule" und „Impfen") im Hinblick auf die vollständige Kooperationsverweigerung von Peter und den be-

---

88 Vgl. Palandt/Diederichsen, BGB, § 1671 Rn. 23; MünchKomm/Finger, BGB, § 1671 Rn. 83 m.w.N.

89 Vgl. Palandt/Diederichsen, BGB, § 1671 Rn. 23; OLG Hamm, Beschluss v. 13.8.1999, 5 UF 106/99, FamRZ 2000, 501.

90 MünchKomm/Finger, BGB, § 1671 Rn. 118; Palandt/Diederichsen, BGB, § 1671 Rn. 24; Jauernig/Berger, BGB, § 1671 Rn. 14 mit Hinweis auf BVerfG, Beschluss v. 13.2.2004, 1 BvR 738/01, FamRZ 2004, 1015.

reits angedeuteten Streit über den künftigen Aufenthalt nicht in Betracht kommt. Dies würde nicht zu einem künftigen insgesamt befriedigenden Miteinander der Beteiligten beitragen. Sie ist auch angemessen, d.h. verhältnismäßig im engeren Sinne; bei den zu treffenden Entscheidungen handelt es sich um für die Entwicklung von Heidi erhebliche Fragen. Insgesamt ist zu erwarten, dass die Übertragung der elterlichen Sorge auf Petra dem Wohl von Heidi am besten entspricht.

Ergebnis: Ein Antrag auf Übertragung der alleinigen Sorge auf Petra hat Aussicht auf Erfolg.

2. *Die Eltern von Nadine machen Petra größte Vorwürfe, sprechen von „Aufsichtspflichtverletzung" und meinen, Nadine habe einen Schadensersatzanspruch gegen Petra. Ist deren Rechtsaufassung zutreffend, d.h. hat Nadine einen Schadensersatzanspruch gegen Petra? (Vertragliche Schadensersatzansprüche sind nicht zu prüfen.)*

In Betracht kommt ein Anspruch aus § 832 Abs. 1 Sätze 1, 2 BGB. Dann müsste ein Minderjähriger einem Drittem einen Schaden widerrechtlich zugefügt haben. Heidi verletzte Nadine durch das Schubsen auf dem Bahnsteig. Anhaltspunkte für eine Rechtfertigung dieses Verhaltens bestehen nicht, also liegen diese Voraussetzungen vor.

Ferner müsste Petra zur Aufsicht über Heidi, d.h. über eine Person, die wegen Minderjährigkeit der Beaufsichtigung bedarf, verpflichtet sein. Die Aufsichtsverpflichtung ergibt sich aus §§ 1626, 1626a Abs. 2, 1631 Abs. 1 BGB. Petra ist danach als (Mit-)Inhaberin der elterlichen Sorge zur Aufsicht über ihre 9-jährige Tochter Heidi verpflichtet.

Folglich haftet Petra für den entstandenen Schaden, es sei denn, sie hat ihrer Aufsichtspflicht genügt. Nach allgemeiner Auffassung genügt derjenige der Aufsichtspflicht, wer in zumutbarer Weise in vergleichbarer Situation nach vernünftigen Anforderungen alle erforderlichen und zumutbaren Maßnahmen trifft, um Schäden von Dritten abzuwenden.[91] Das Maß der Anforderungen bestimmt sich in diesem Zusammenhang nach Alter, Situation und sonstigen Umständen.[92]

Nicht unvernünftig ist, dass Petra mit den jungen Menschen eine Straßenbahnfahrt unternimmt. Diese erscheint nicht als „so gefährlich", dass z.B. eine weitere Aufsichtsperson nötig gewesen wäre. Ferner bestehen keinerlei Anhaltspunkte für Auffälligkeiten der jungen Menschen. Die erfolgten Ermahnungen erschienen angemessen. Der im Zusammenhang mit dem plötzlichen Streit, den Pe-

---

91 Vgl. Palandt/Sprau, BGB, § 832 Rn. 10; MünchKomm/Wagner, BGB, § 832 Rn. 24; BGH, Urteil v. 29.5.1990, VI ZR 205/89, NJW 1990, 2553.

92 Palandt/Sprau, BGB, § 832 Rn. 10.

tra gerade schlichten wollten, erfolgte Stoß von Heidi war nicht voraussehbar und von Petra auch nicht zu verhindern. Insgesamt hat sich Petra so verhalten, wie eine vernünftige Aufsichtsführende in vergleichbarer Situation gehandelt hätte. Petra hat demnach ihrer Aufsichtspflicht genügt und ein Schadensersatzanspruch aus § 832 Abs. 1 BGB scheidet damit aus.

Ergebnis:[93] Nadine hat keinen Schadensersatzanspruch gegen Petra aus § 832 Abs. 1 BGB.

---

93 Ergänzender Hinweis: Ein Anspruch aus § 823 Abs. 1 BGB wegen Verletzung des Körpers von Nadine scheidet aus, da Petra Nadine nicht selbst verletzt hat. Da eine Aufsichtspflichtverletzung nicht vorliegt, scheidet überdies ein Anspruch aus § 823 Abs. 1 BGB im Hinblick auf eine Verletzungshandlung in Form einer Verkehrssicherungsverletzung durch eine Aufsichtspflichtverletzung bereits aus; zur Frage, ob auf diesen Fall überhaupt § 823 Abs. 1 BGB neben § 832 BGB anwendbar ist, vgl. Belling in: Staudinger, BGB, § 832 Rn. 2, 163 (verneinend, § 832 BGB sei für diesen Fall die speziellere Norm), a.A. wohl Jauernig/Teichmann, BGB, § 832 Rn. 2 unter Hinweis auf BGH, Urteil v. 2.12.1975, VI ZR 79/74, NJW 1976, 1145.

Literaturverzeichnis

Brox, Hans/Walker, Wolf Dietrich, Allgemeiner Teil des BGB, 34. Auflage 2010, München: Vahlen (zitiert Brox/Walker, AT)

Bumiller, Ursula/Harders, Dirk, FamFG Freiwillige Gerichtsbarkeit, Gesetz über das Verfahren in Familiensachen und in den Angelegenheiten der freiwilligen Gerichtsbarkeit (FamFG), 9. Auflage 2009, München: C. H. Beck (zitiert Bearbeiter in: Bumiller/Harders, FamFG)

Gastiger, Sigmund/Oberloskamp, Helga/Winkler, Jürgen (Hrsg.), Recht konkret Teilband I: Haftungsrecht, Familien- und Jugendhilfe, 6. Auflage 2009, March: Verlag für das Studium der Sozialen Arbeit

Hochschulrektorenkonferenz, Bologna-Reader, Neue Texte und Hilfestellungen zur Umsetzung der Ziele des Bologna-Prozesses an deutschen Hochschulen, Beiträge zur Hochschulpolitik 8/2004, 5. Auflage 2006, Bonn: Eigenverlag (zitiert Hochschulrektorenkonferenz, Bologna-Reader)

Jans, Karl-Wilhelm/Happe, Günter/Saurbier, Helmut/Maas, Udo, Kinder- und Jugendhilferecht mit Sozialgesetzbuch Allg. Teil (SGB I) sowie Sozialverwaltungsverfahren und Sozialdatenschutz (SGB X), Kommentar, (Loseblatt) Stand Oktober 2008; Stuttgart: W. Kohlhammer (zitiert: Bearbeiter in: Jans/Happe/Saurbier/Maas, KJHG)

Jauernig, Othmar, Bürgerliches Gesetzbuch mit allgemeinem Gleichbehandlungsgesetz (Auszug), 13. neubearb. Auflage 2009, München: C.H. Beck (zitiert: Jauernig/Bearbeiter, BGB)

Keidel, Theodor, FamFG, Kommentar zum Gesetz über das Verfahren in Familiensachen und die Angelegenheiten der freiwilligen Gerichtsbarkeit, 16. Auflage 2009, München: C. H. Beck (zitiert Bearbeiter in: Keidel, FamFG)

Klunzinger, Eugen, Einführung in das Bürgerliche Recht. Grundkurs für Studierende der Rechts- und Wirtschaftswissenschaften, 14. Auflage 2009, München: Vahlen (zitiert: Klunzinger, AT)

Kunkel, Peter-Christian, Sozialgesetzbuch VIII, Kinder- und Jugendhilfe, Lehr- und Praxiskommentar, 3. Auflage 2006, Baden-Baden: Nomos (zitiert Bearbeiter in: LPK-SGB VIII)

Münchener Kommentar zum Bürgerlichen Gesetzbuch, hrsg. von Rebmann, Kurt und Säcker, Franz-Jürgen, Band 5 Schuldrecht Besonderer Teil III, §§ 705-853 Partnerschaftsgesellschaftsgesetz Produkthaftungsgesetz, 5. Auflage 2009, Band 8 Familienrecht II, §§ 1589 – 1921, SGB VIII, 5. Auflage 2008, München: C. H. Beck (zitiert: MünchKomm/Bearbeiter, BGB)

Münder, Johannes/Meysen, Thomas/Trenczek, Thomas, Frankfurter Kommentar SGB VI-II: Kinder- und Jugendhilfe, 6 Auflage 2009, Baden-Baden: Nomos (zitiert Bearbeiter in: FK-SGB VIII)

Münder, Johannes/Wiesner, Reinhard, Kinder- und Jugendhilferecht, Handbuch, 2007, Baden-Baden: Nomos (zitiert: Münder/Wiesner, Handbuch)

Palandt, Otto, Bürgerliches Gesetzbuch, 70. Auflage 2011, München: C. H. Beck (zitiert Palandt/Bearbeiter, BGB)

Prütting, Hanns/Wegen, Gerhard/Weinreich, Gerd, BGB, 5. Auflage 2010, Köln: Luchterhand in Wolters Kluwer Deutschland (zitiert: PWW-Berarbeiter, BGB)

Schellhorn, Walter/Schellhorn, Helmut/Fischer, Lothar/Mann, Horst, SGB VIII/KJHG, Kommentar zum Sozialgesetzbuch VIII, Kinder- und Jugendhilfe, 3. Auflage 2007, München: Luchterhand in Wolters Kluwer Deutschland (zitiert Bearbeiter in: Schellhorn/Fischer/Mann, SGB VIII)

Schwab, Dieter, Familienrecht, 18. Auflage 2010, München: C.H. Beck (zitiert: Schwab, FamR)

Staudinger, Julius v., Kommentar zum Bürgerlichen Gesetzbuch, §§ 830 – 838 Neubearbeitung 2008, §§ 1684 – 1717 Neubearbeitung 2006, Berlin: Sellier, de Gruyter (zitiert Bearbeiter in: Staudinger, BGB)

Wiesner, Reinhard, SGB VIII Kinder- und Jugendhilfe, 3. Auflage 2006, München: C. H. Beck (zitiert Bearbeiter in: Wiesner, SGB VIII, oder (im Falle Bearbeiter = Wiesner) Wiesner, SGB VIII)

Eigene Notizen

Eigene Notizen

Eigene Notizen

Eigene Notizen

Eigene Notizen

Das große Handbuch

Karin Bock
Ingrid Miethe (Hrsg.)

Handbuch
Qualitative Methoden
in der Sozialen Arbeit

Verlag Barbara Budrich

KARIN BOCK
INGRID MIETHE (HRSG.)
Handbuch Qualitative Methoden in der Sozialen Arbeit
2010. 711 S. Kt. 59,00 € (D), 60,70 € (A), 100,00 SFr
ISBN 978-3-86649-255-4

Das erste Handbuch zu qualitativen Forschungsmethoden in der Sozialen Arbeit vereint Artikel, in denen theoretische und empirische Traditionslinien nachgezeichnet, klassische Paradigmen der Sozialen Arbeit hinsichtlich ihres Potentials für qualitative Forschungen in der Sozialen Arbeit geprüft, sowie gängige Forschungsmethoden vorgestellt und auf ihren Einsatz in der Sozialen Arbeit befragt werden. Außerdem werden für ausgewählte Handlungsfelder der bisherige Forschungsstand sowie der spezifische Nutzen qualitativer Methoden diskutiert.

Das Buch ist für WissenschaftlerInnen, Studierende und PraktikerInnen im Bereich der Sozialen Arbeit konzipiert genauso wie es „Neulingen" in diesem Feld einen ersten Einstieg ermöglicht.

Offene Spielräume 1/2010

Direkt bestellen: in Ihrer Buchhandlung oder bei

Verlag Barbara Budrich • Barbara Budrich Publishers
Stauffenbergstr. 7. D-51379 Leverkusen Opladen
Tel +49 (0)2171.344.594 • Fax +49 (0)2171.344.693 • info@budrich-verlag.de
www.budrich-verlag.de • www.budrich-journals.de